EXPOSITION UNIVERSELLE DE 1889

CONGRÈS MONÉTAIRE

INTERNATIONAL

RAPPORT SUR L'ENQUÊTE MONÉTAIRE ANGLAISE

PAR

M. FOURNIER de FLAIX

PARIS

PUBLICATION DES *ANNALES ÉCONOMIQUES*

1889

CONGRÈS MONÉTAIRE INTERNATIONAL

L'ENQUÊTE MONÉTAIRE ANGLAISE

Parmi les documents les plus importants et les plus curieux à consulter sur la question monétaire contemporaine, il faut placer au premier rang l'enquête ordonnée en 1887 par le gouvernement anglais. Les travaux de cette enquête ont été entièrement publiés. Ils forment quatre volumes petit in-folio, d'un caractère très serré. L'ensemble représente plus de 1200 pages à deux colonnes, c'est matériellement une œuvre considérable. Sa valeur scientifique n'est pas moindre. Elle comprend : 1° les dépositions et les mémoires des témoins; 2° de nombreux appendix, dont les plus intéressants seront énumérés dans le cours de cette étude; 3° les conclusions de la commission, très longuement exprimées et motivées.

Avant de rendre compte des principales dépositions, des appendix et des conclusions, il y a lieu de présenter quelques observations générales sur la conduite de l'enquête.

§ 1. Conduite de l'enquête

La commission de l'enquête a été constituée par déclaration royale du 26 juillet 1887.

La commission était composée de sir James Balfour, vice-président, baron Herschell, MM. Farrer, Chamberlain, Chaplin, Barbour, Fremantle, Birch, Houldsworth, H. Courtney, Montagu, sir Louis

Mallet, sir baron Lubbock. La commission a tenu quarante-huit séances, dont les quinze premières ont été présidées par sir Balfour, neveu du premier ministre, le marquis de Salisbury; il a présidé, de même que le baron Herschell, qui l'a remplacé au fauteuil, avec une rare distinction.

Les enquêtes anglaises, qui ont servi à éclairer tant de questions économiques, et en particulier les questions monétaires, sont conduites avec de tout autres idées que les enquêtes françaises. En général, le président parle le premier, mais il ne dirige nullement la discussion; chaque commissaire intervient quand cela lui plaît et prend à partie le témoin. Ces commissions sont habituellement composées de personnes très compétentes et d'opinions différentes. Il en résulte que les témoins ont affaire à forte partie et qu'ils sont interrogés dans des vues opposées. La commission anglaise comprenait précisément des spécialistes fort autorisés, engagés dans des sens très différents, sur la question monétaire, les uns fermement convaincus de la nécessité de ne rien changer à l'état actuel de la législation anglaise, c'est-à-dire *mono-métallistes*, puisque l'Angleterre ne remplit aucune des conditions *du bi-métallisme*, les autres tout à fait bi-métallistes. Les témoins ont dû répondre aux uns comme aux autres. Eux-mêmes appartenaient à des systèmes non moins contraires. Il en est résulté entre les commissaires et les témoins des débats très vifs, souvent très intéressants, mais parfois fastidieux à raison du retour des mêmes faits et des mêmes idées. En définitive, on pourrait comparer l'enquête monétaire, et en général les enquêtes anglaises, à des soutenances en Sorbonne par deux candidats parlant en sens opposés, tenus sur la sellette par des professeurs n'ayant pas la même manière de voir sur l'objet de la thèse. Les avantages de cette conduite des enquêtes sont considérables : les questions sont retournées, fouillées en tous sens; les points de vue les plus divers se succèdent; mais les inconvénients ne sont pas moins sérieux. De l'extrême contradiction résultent l'obscurité, l'incertitude et la confusion. Or, le problème monétaire contemporain étant lui-même fort complexe, obscur, incertain et confus, il n'y a rien de surprenant à ce que les témoins aient multiplié les dépositions contradictoires, et à ce que les commissaires, n'ayant pu se mettre d'accord sur aucun point, aient été contraints de présenter trois rapports en sens diamétralement opposés, sans compter les réserves et les rapports particuliers de plusieurs d'entre eux.

§ 2. Les dépositions

Le nombre des témoins entendus a été de   . Plusieurs témoins, à raison de l'importance ou de l'intérêt de leur déposition, ont comparu plusieurs fois. M. Gibbs, bi-métalliste, ancien gouverneur de la banque d'Angleterre, a été rappelé cinq fois ; M. Fowler, banquier, mono-métalliste, quatre fois ; M. le professeur Nicholson, M. Samuel Smith, M. Comber, M. le professeur Marshall, M. Fielden, chacun deux fois.

On peut classer les dépositions en quatre catégories : 1° les publicistes, statisticiens, savants, qui ont fourni des faits et des chiffres, en dehors de tout système préconçu ; 2° les témoins mono-métallistes ; 3° les témoins bi-métallistes ; 4° les fonctionnaires du gouvernement anglais dans l'Inde. C'est dans cet ordre que nous allons résumer les débats de l'enquête.

§ 3. Première catégorie. Dépositions techniques

Les témoins qu'on peut placer dans la première catégorie sont : MM. Palgrave, Pixley, Hector Hay, Giffen, Sauerbeck, les professeurs Austen, Marshall, Nicholson, Mac Leod.

Les six premiers ont donné des renseignements et des chiffres sur la production, la consommation des mouvements et les métaux précieux ; et MM. Mac Leod, Nicholson et Marshall, des appréciations d'un caractère économique sur le problème monétaire.

1°. — STATISTIQUES MONÉTAIRES

Les statistiques de MM. Palgrave, Pixley, H. Hay, Giffen, Sauerbeck, ont principalement porté sur les métaux précieux au XIXᵉ siècle. Ces statistiques se contrôlent les unes les autres. La plupart ont pour fondement les relevés du bureau des mines de Washington ou les travaux de M. Soetbeer. On peut ajouter à ces statistiques les évaluations de M. Mulhall et celles de M. Valentine. Les différences constatées entre les évaluations diverses n'ont pas d'importance relativement aux changements survenus dans le stock des métaux précieux pendant le XIXᵉ siècle.

On peut estimer en 1850 le stock de l'or à 14 milliards fr. et celui de l'argent à 33 milliards, — ensemble 47 milliards. En 1800 le stock de l'or était de 11 milliards et celui de l'argent de 26 milliards. Il aurait donc augmenté, dans la première moitié du siècle, de 3 milliards or et de 7 milliards argent. Nonobstant ces mouvements, le rapport de valeur n'avait varié, durant cette période de cinquante ans, que de 15 à 15 1/2.

Quelle a été depuis 1850 la production de l'or ?

De 1851 à 1885 elle aurait représenté, d'après M. Soetbeer, 6,383,388 kilog., d'une valeur de 17,810 millions de marcs, soit en francs 22,262 millions.

Quant à la quantité d'argent, elle aurait été de 57,563,631 k., d'une valeur de 9,567 millions de marcs, soit en francs 11,958 millions.

Pour saisir toute la portée des chiffres, il faut la rapprocher d'autres chiffres donnés par M. Soetbeer.

Production de l'or de 1493 à 1850 :   4,752,070 k.

Production de l'argent   —   : 149,826,750 k.

Les résultats des années 1886, 1887, 1888, n'ont pas modifié les proportions. La moyenne est demeurée la même pour l'or et pour l'argent.

M. Stewart Pixley a produit pour l'argent une statistique moins complète, et pour l'or un relevé de 668,945,280 L. depuis 1852, soit en francs 16,726 millions, différence, quant à l'or, de plus de 5 milliards avec M. Soetbeer. Les chiffres de M. Pixley sont à peu près ceux de M. Mulhall et de M. del Mar. Quels que soient les chiffres que l'on adopte, ceux de M. Soetbeer ou ceux de MM. del Mar, Pixley et Mulhall, il n'en est pas moins établi que, de 1850 à 1888, s'est accompli un changement extraordinaire dans la condition des métaux précieux. La production de l'or, en 38 ans, a été à peu près de 133 0/0 comparativement à celle de 1493 à 1850. Le stock a plus augmenté en 38 ans qu'en 357 ans. Les témoins de l'enquête ne semblent pas avoir suffisamment mis ce fait en relief. La production de l'argent est loin d'avoir eu autant d'importance ; néanmoins elle a encore représenté près de 12 milliards à joindre à 22 milliards d'or : ensemble 36 milliards.

Par suite la production de 1850 à 1884 aurait porté le stock des métaux précieux de 47 milliards à 83.

C'est là le fait décisif qui domine tout le problème monétaire contemporain.

Les diverses dispositions de MM. Palgrave, Pixley, H. Hay, Giffen et Sauerbeck n'ont pas sensiblement modifié l'ensemble des résultats constatés par M. Soetbeer.

M. Pixley y a rapporté une évaluation donnée par M. Fawcett, en 1883, du stock monnayé du globe qui aurait été de : or 670,754,700 L., et argent de 524,133,970 L., ensemble 1,194,868,670 L., soit 29,875 millions. Or, en 1850, le stock monnayé n'était estimé qu'à 12,875 m. fr. Le changement est énorme.

M. H. Hay a évalué, d'accord avec la plupart des témoins, le stock métallique de l'Angleterre, à 100 millions de L. S. en or, ou 2,500 millions et 20 millions L. S. argent. Il a appelé avec raison l'attention sur le *va-et-vient* perpétuel des métaux précieux, surtout de l'or, qui multiplie l'efficacité de leur action. Non seulement on les porte et on les transporte, en particulier l'or, de mille façons, mais on modifie à tout instant leur forme et leur emploi ; on les frappe ; on les fond ; on les convertit en lingots, on les refrappe ; on les transforme en bijoux ; on fond les bijoux ; enfin c'est un mouvement permanent dont il faut tenir d'autant plus compte que chaque année s'accroît le stock d'or employé par l'industrie et les facilités de le transformer.

Aussi tous les statisticiens reconnaissent-ils l'abondance de l'or, l'extension de sa circulation et l'augmentation constante de son stock. M. H. Hay a signalé l'importance du stock d'or de l'Inde, où l'or circule en petits lingots, et l'emploi qu'on pourrait en faire.

A raison de sa situation à la tête *Board of Trade* et de ses ouvrages, M. Robert Giffen a été particulièrement interrogé. Nous relevons dans ses réponses : 1° que le mouvement des métaux précieux en Chine donne en moyenne une exportation de 1 à 2 millions L. S. d'or ; il y aurait en Chine, comme dans l'Inde, un stock d'or. Cette constatation a de l'importance au point de vue de l'éventualité d'établir dans l'extrême orient une circulation monétaire d'or. Là où l'or circule en lingots, là où il est thésaurisé en bijoux, il est facile de constituer une monnaie d'or ; 2° que bien qu'il ait fallu 100,000,000 L. S. ou 2,500 millions d'or pour la reprise des paiements en espèces aux États-Unis, les réserves en or du Trésor des banques se sont élevées de 27 à 75 millions L. S. or ; 3° que l'opération d'or faite en 1884 par l'Italie est un autre indice de la circulation nouvelle de l'or, bien que cette opération n'ait pas eu l'importance de la substitution faite en France de l'or à l'argent ; 4° que, en ce qui concerne l'Angleterre, la circulation de l'or aurait diminué au lieu d'augmenter, et que les divers instruments de crédit (banknotes, chèques, mandats postaux et télégraphiques, compensations de clearings), n'auraient pas reçu un développement proportionnel à celui des affaires ; 5° que, bien que la demande d'or pour l'Inde ait diminué depuis 1880, il doit y existẹr dans l'Inde un stock d'or très considérable; 6° que l'Inde paraît avoir absorbé l'argent donné par la France en échange de l'or; que de 1855 à 1870 elle a ainsi pris 200 millions par an; que de 1870 à 1886 elle a demandé beaucoup moins; 7° que la Chine importe de l'argent comme l'Inde, 2,100,000 L. S. en 1884; 8° que quelles que soient les oscillations dans la production la consommation et l'emploi des métaux précieux, on constatait, de 1200 à 1800, une tendance constante à la baisse de la valeur de l'argent (n° 755) en même temps qu'une tendance des prix à s'élever, mais que depuis 1800, sauf un court intervalle de 1850 à 1873, la tendance du prix avait été à la baisse, quoique la valeur de l'argent ait encore sensiblement diminué; le sucre et le fer ont été cités comme exemple.

L'indication de cette tendance permanente de l'argent à la baisse est un fait monétaire d'ordre supérieur dans tout ce qui tient au problème monétaire. La déclaration de M. Giffen a été à cet égard l'une des plus considérables de l'enquête.

M. Sauerbeck partage l'opinion de M. Giffen sur le peu d'influence des banques et moyens de crédit à l'endroit de la circulation monétaire; il considère même que les mandats postaux et les chèques n'ont pas permis d'économiser l'or, malgré les progrès du nombre des banques, qui est passé en vingt ans de 2417 à 3886; il cite comme argument la diminution du droit de timbre sur les banknotes et les lettres de change qui est tombé de 1,030,000 L. S. à 800,000 L. S. Aussi attribue-t-il la baisse des prix à l'insuffisance de la monnaie. (10930) eu égard à la masse des marchandises.

La déposition de M. Austen, chimiste de l'hôtel des mines et professeur de métallurgie à l'école royale des mines, appartient également à la catégorie des dépositions techniques; elle doit être rangée parmi les plus importantes de l'enquête, peut-être la plus importante de toutes. Elle est accompagnée d'une note, page 325 de l'appendix du premier volume. Elle a surtout porté sur les conditions actuelles de production de l'argent.

L'argent se présente sous deux formes : ou bien il est associé à d'autres métaux, ou bien il est seul.

1° Il est associé à l'or, au plomb, au cuivre. Dans ces trois cas il est toujours exploité, puisque sa valeur propre vient en déduction du prix du métal associé. L'once d'argent revient à 2 deniers 1/2 si l'argent est associé à l'or; à 24 deniers s'il est associé au plomb, et à 23 deniers s'il est associé au cuivre.

2º Quant le minerai d'argent est à peu près pur, l'once revient à 17 deniers. Ce prix de revient paraît être le même pour les mines des États-Unis et pour celles du Mexique.

En 1883, la production totale de l'argent a été de 88,354,733 onces, ainsi réparties :

États-Unis....................	35.737.908
Mexique	22.872.732
Bolivie....................	12.376.860
Allemagne....................	7.417.642
Chili....................	4.119.125
Espagne....................	2.935.481
Autriche....................	1.568.562
Colombie	587.873
République Argentine	325.045
Divers......................	953.305

Cette quantité a été obtenue : 508,000 onces des minerais d'or, 7,200,000 des minerais de cuivre, 30,726,000 des minerais de plomb et 49,920,753 des minerais d'argent.

La moyenne du prix de revient est de 1 sch. 8 d. soit 1 sch. 6 1/2 d. par once standard; En août 1889 l'once standard était cotée à Londres 42 5/16. La différence est encore par once standard de 12 deniers 1/4. Pour que l'argent cesse d'être extrait avec profit, éventualité prévue par M. Bagehot, il faut que le prix de l'once standard à Londres tombe à 30 deniers 1/2, soit une baisse de 100 0/0 sur l'ancien prix de l'once à 61 1/2 d.

Mais, même à ce taux, l'argent continuerait d'être produit à concurrence de près de la moitié de la quantité de 1883 (quantité qui a augmenté en 1888), puisqu'il n'est exploité que comme produit secondaire, accessoire des minerais d'or, de plomb et de cuivre. On fermerait les mines d'argent, que chaque année 40 millions d'onces d'argent seraient en moyenne disponibles sur le marché de l'argent.

Cette déposition a été suivie d'une assez longue discussion. Si on doublait subitement la valeur de l'argent, a demandé le président à M. Austen, n'y aurait-il pas à redouter une énorme extension de la production? M. Austen s'est contenté de répondre : « Le champ serait vaste en effet. »

M. Pixley, dans sa déposition, ayant évalué le coût moyen de production de l'once d'argent à 3 sch. 6. d, on a demandé à M. Austen la raison d'une pareille différence avec ses évaluations. M. Austen a répondu que M. Pixley n'avait pu faire allusion qu'à certaines mines du Mexique sans importance.

M. Austen a fourni quelques détails sur les mines principales d'argent. Il compare leur fertilité à celle de la terre. *La Bonanza-king* en est le type. Elle est cependant située à une profondeur de 520 pieds. Pour donner une idée exacte de la prodigieuse richesse des mines américaines, M. Austen a ajouté que pour le plomb argentifère la proportion d'argent au plomb était : en Italie de 67 onces à la tonne ; en Espagne de 36 ; en Angleterre de 8 à 9 ; et que néanmoins la demande du plomb était assez intense pour que la *désilverisation* du plomb en Europe représentât le tiers de la production des Etats-Unis.

Les dépositions de MM. Mac Leod, Nicholson et Marshall ont eu un autre caractère. Nous n'avons pas besoin de rappeler les travaux de M. Mac Leod. M. Nicholson, professeur d'économie politique à l'Université d'Edimbourg, vient de publier un ouvrage sur la monnaie ; M. Marshall est professeur d'économie politique à l'Université de Cambridge.

La fonction de la monnaie métallique, or ou argent, sur l'ensemble du mouvement économique, sur les prix, a dit M. Mac Leod, n'est que secondaire ; c'est le crédit qui remplit la fonction principale au moyen des banques et des instruments de crédit. Dans notre siècle et principalement depuis 1850, le développement du crédit, des banques, des instruments de crédit a été plus grand que l'accroissement des métaux précieux. Quelle influence la réserve d'or de la Banque d'Angleterre exerce-t-elle comparativement à l'ensemble des moyens de crédit de l'Angleterre ? Dans les paiements, règlements de compensations de Londres et des divers marchés anglais, c'est à peine si le numéraire entre pour 2 0/0. Dès lors c'est une pure illusion que d'admettre que les prix dépendent des stocks métalliques ; les prix dépendent du crédit ; on peut citer comme exemple typique l'Ecosse. Dans nul pays du globe l'activité économique n'est plus grande qu'en Ecosse ; dans aucun, l'or et l'argent n'ont un emploi aussi subalterne comparativement au crédit. C'est par le crédit que les banques d'Ecosse ont transformé cette contrée, encore sauvage il y a deux cents ans, le crédit au comptant, ce qui ne veut pas du tout dire le crédit représenté par de l'argent ou de l'or.

Inutile donc d'espérer qu'en accumulant dans les banques, de l'or et de l'argent, on relèvera les prix. Les prix sont réglés par d'autres influences. La baisse actuelle est le résultat de causes diverses.

M. Mac Leod a accompagné sa déposition d'un *memorandum* reproduit dans l'appendix du deuxième volume de l'enquête. Dans ce *memorandum*, M. Mac Leod mentionne un rapport de M. Slater, de 1856. M. Slater établit que dans sa banque, sur 1,000,000 l. st. de recettes et de paiements, la répartition se faisait ainsi :

	Recettes		Paiements
	—	l. st.	—
Billets et lettres de change.	553.526		302.674
Chèques.	357.715		663.672
Banknotes et banquiers.	2.627		
Banknotes de la B. d'Ang.	68.554		22.743
Or.	28.089		9.427
Argent et cuivre.	1.486		1.484
Mandats de poste.	937		

Il estime que si le montant du numéraire est de 120,000,000 l. st., on doit évaluer à 6,000,000,000 l. st., ou cinquante fois plus, le montant des valeurs de crédit en circulation. Le numéraire et le crédit seraient par suite dans la proportion de 1 à 6.

Appliquant ces réflexions à l'Écosse, Mac Leod dit formellement :

« L'ensemble des engagements de banque de toute sorte en Écosse « représente 100 m. l. st. Ces 100 millions de crédit en Écosse « produisent exactement le même effet qu'un total égal en or (as « an equal amount of gold) sur les prix (on prices), et plus les « habitudes de banque sont pratiquées par la population, plus « grande est la puissance des banques. En réalité la banque « a pris un développement énorme en Écosse. »

D'après ces prémisses, M. Mac Leod a pu résoudre facilement toutes les questions débattues dans l'enquête : 1° l'Angleterre commandera toujours l'or, à raison de l'immensité de son commerce et de la supériorité de l'organisation de crédit (n° 7181); 2° au moindre besoin, elle n'a qu'à élever le taux d'escompte ou le prix de son crédit, l'or affluera de tous côtés pour profiter de cette hausse; 3° mais ce besoin d'or ne sera jamais que temporaire et limité, la meilleure preuve c'est que depuis vingt ans, l'Écosse fait un commerce très étendu *sans un seul souverain* (7100); 4° ce qui est vrai de l'Écosse l'est ausssi de l'Angleterre entière, où les progrès du crédit ont été énormes (7212), et en partie des États prospères de l'Europe (7211), notamment de la France; 5° auss l'accroissement de l'or ou sa diminution, *a fortiori*, ceux de l'argent, n'ont pas l'importance qu'on leur attribue; et l'or augmenterait tout à coup de manière à être porté à 6 milliards en Angleterre, les prix ne suivraient pas la même progression (n° 7202) — parce qu'il prendrait la place du crédit — (observation profonde; en effet, le crédit et les métaux précieux ne sont que des voitures différentes, mais des voitures du capital); 6° conséquemment, c'est au crédit qu'il faut demander l'explication de la baisse actuelle des marchandises (n° 7209) (autre observation profonde) — l'or est une voiture mécanique, le crédit est une voiture avec un conducteur — de là des différences fondamentales; 7° la spéculation a diminué, elle a disparu; elle est morte; elle trouve les prix trop élevés; elle s'abstient; l'or n'est pour rien dans cette situation; la baisse des prix actuelle est la réaction contre la hausse antérieure (n°ˢ 7213 et 7221); 8° toutefois l'or exerce une action directe sur les prix d'autant plus grande que l'organisation de crédit est inférieure, notamment chez les peuples à circulation fiduciaire non convertible. La convertibilité est l'expression de la fonction de l'or; mais elle est difficilement calculable (7258 à 7261). Réciproquement, chez les peuples où le crédit a reçu une organisation supérieure, la convertibilité est réduite à son minimum, ce qui permet à ces peuples de faire d'immenses affaires avec peu d'or; 9° l'extrême intérêt des questions de change international provient de ces différences de puissance de crédit entre les peuples : le change est la mesure fidèle de ces différences; les mouvements métalliques sont accessoires (n° 7300).

Ces idées ont provoqué de nombreuses critiques ou observations de la part des membres de la commission. Elles étaient, au fond, défavorables aux théories bi-métallistes qui exagèrent l'influence des métaux précieux sur les prix.

M. Nicholson a fait deux dépositions, en se plaçant à un point de vue tout à fait opposé à celui de M. Mac Leod. D'ailleurs, M. Nicholson est partisan de la réforme de la législation monétaire de l'Angleterre dans le sens du bi-métallisme.

L'étude de l'histoire du XVIᵉ et du XVIIᵉ siècle a conduit

M. Nicholson à se rendre compte du fait de la baisse extraordinaire de l'argent depuis 1873, de ses effets et des moyens d'y remédier. M. Nicholson attribue aux métaux précieux un effet direct, immédiat, quoique non total sur les prix. Pour lui, les causes de la baisse de l'argent ne proviennent ni de la production de l'or, ni de celle de l'argent, ni du développement du crédit, mais exclusivement des ventes d'argent de l'Allemagne et de la suspension de la frappe d'argent par l'union latine, par l'Allemagne et par quelques autres États. M. Nicholson serait donc d'avis de chercher la solution du problème monétaire dans l'application de la maxime : *Sublata causa, tollitur effectus.* Un traité international dans lequel l'Angleterre serait englobée, pourrait rendre à l'argent sa valeur en lui rouvrant les hôtels de monnaie et en lui restituant son efficacité libératoire universelle d'après le retour au rapport fixe de 15 1/2. Une fois que l'argent aurait recouvré sa valeur, il y aurait sur le marché monétaire une telle abondance de métaux précieux, invariables dans leur valeur, qu'il faudrait bien que les prix remontassent. Cette hausse des prix répandrait ses bienfaits de toutes parts, et le trafic international, n'ayant plus à redouter les variations des changes, pourrait se développer dans des proportions nouvelles et inconnues. M. Nicholson a ainsi donné corps à l'ensemble des théories ou des espérances qui constituent la doctrine bi-métalliste. Au surplus, il a fait connaître ses opinions dans un livre récent qu'on lit avec un intérêt réel (*Money and monetary problem*, 1888).

Selon M. Nicholson, toutes les valeurs dans les affaires se règlent d'après l'étalon monétaire. Il faut donc que cet étalon soit invariable. S'il est variable, toutes les transactions sont atteintes et surtout les transactions à terme, qui sont les plus importantes. Tantôt le débiteur est favorisé, tantôt le créancier. Le crédit n'a point ici à intervenir; il ne fournit pas l'étalon de la valeur; or, un étalon simple ne saurait être invariable; les variations de deux étalons se compenseront. Le bi-métallisme international fournira cet étalon à tous les peuples. L'étalon d'or n'a pas profité à l'Angleterre (n° 5551); elle n'a pas d'intérêt à le garder. La valeur de l'or n'est pas intrinsèque; elle est en grande partie *artificielle* (n° 5596). M. Nicholson n'a pas suffisamment développé ses idées sur ce sujet si important, peut-être décisif en matière monétaire. D'ailleurs la logique a conduit M. Nicholson à produire cet aveu redoutable.

M. Marshall ne partage pas les opinions de M. Nicholson, tout
en acceptant certains changements dans la législation monétaire
des principaux États. Comme M. Mac Leod, il fait une part moins
large, il est vrai, au crédit et aux instruments de crédit dans l'établissement des prix, mais il croit devoir restreindre cette part à
l'influence des billets de banque et du papier monnaie (10124).

Il ne pense pas que les lettres de change, billets, chèques, mandats divers, aient d'action appréciable sur les prix. Il cite la hausse
des prix en Angleterre, pendant les années 1809 et 1810, à l'appui
de son opinion. Il restreint ainsi notablement le lien de solidarité
qui existerait entre les prix et les métaux précieux. D'ailleurs il envisage et il explique tout autrement la baisse des marchandises depuis 1877. En effet, d'après lui, l'argent aurait conservé à peu près
son pouvoir d'achat (n° 9625); quant aux marchandises; ce pouvoir
n'aurait baissé que relativement au travail. Toutefois, par travail
(work), M.Marshall entend plutôt les profits que les salaires (n°9823).
Cette observation fort ingénieuse expliquerait pourquoi la situation
monétaire a soulevé tant d'appréhension de la part des manufacturiers et si peu de la part des classes ouvrières. M. Marshall évalue,
d'après une baisse hypothétique de l'argent de 30 0/0, à 12 0/0 seulement la part à porter au compte de l'appréciation de l'or ou de la dépréciation relative de l'argent, et à 18 0/0 la part à porter au compte
des faits appartenant à la production même. Dans l'ensemble de ses
trois dépositions, également intéressantes, M. Marshall occupe une
sorte de moyenne entre M. Mac Leod et M. Nicholson. Aussi, sans
être hostile à des changements dans la condition monétaire des
États, il restreint et le pouvoir même des législations, et la portée
des lois monétaires. Il repousse tout arrangement international.
Dans l'état actuel des rapports des peuples, il n'entrevoit aucune
apparition d'une monnaie internationale (n° 9887). C'est dire que,
sans combattre le bi-métallisme, il en amoindrit singulièrement les
conditions, les garanties et les conséquences. D'abord, à raison des
inconvénients matériels attachés à la circulation de l'argent, il croit
indispensable d'installer une nouvelle catégorie de billets de banque, correspondant aux *silver certificate*. Le bi-métallisme ou nouvelle législation consisterait en ce que tout particulier aurait le droit
de se libérer, au moyen de ces nouveaux billets ou d'argent, dans
une certaine proportion, au moyen d'or et de billets, convertibles
en or, dans une autre. Ce serait le bi-métallisme *alternatif*. Mais il
n'entre pas dans les vues de M. Marshall que tous les États ouvri-

raient leurs hôtels au monnayage illimité de l'argent, d'après le rapport immuable de 15 1/2 (9842 à 9861). Aussi ne se propose-t-il nullement de se servir d'un bi-métallisme quelconque pour rendre aux marchandises leur ancienne valeur; 10 0/0 de plus-value lui sembleraient d'autant plus suffisants (9652) que la hausse des prix ne lui apparaît pas comme l'un des désiderata universels de l'humanité. En outre, il se préoccupe, non sans raison, des effets de la loi de Gresham (page 49, 3e volume) au cas où les divers hôtels de monnaie frapperaient indifféremment or et argent à un rapport fixe. Comment se distribueraient alors les métaux précieux? Les habitudes, les occupations, les garanties, les capitaux, le savoir-faire des populations, n'auraient-ils pas une action décisive sur cette distribution? M. Marshall n'a pas examiné le cas de la rupture d'un traité international monétaire par suite d'une guerre, parce qu'il n'admet pas de traité international ; mais son observation sur les effets de la loi de Gresham n'en doit pas moins être retenue.

Ainsi le système de M. Marshall consiste en ce que chaque État admettrait dans l'étendue de son propre territoire, sans obligation internationale, la valeur libératoire de l'argent dans une certaine proportion, sans obligation de monnayer l'argent *ad libitum* et sans engagement quant au rapport.

M. Marshall pense qu'il y aurait lieu, quant à l'Angleterre, de modifier sa législation fiduciaire et de renouveler, sur d'autres bases, le traité avec la Banque d'Angleterre. Il n'est pas favorable à la législation de 1844, d'autant plus qu'il pense que les *silver certificate* seraient appelés à une certaine extension.

M. Marshall a passé à côté d'une bien grosse question, qui n'a pas été soulevée dans l'enquête et qui peut-être méritait d'être abordée, d'autant plus que, d'après son opinion, les banknotes seraient le seul instrument de crédit qui agirait sur les prix. Eh bien! la législation de 1844, en admettant l'opinion restrictive de M. Marshall, peut-elle suffire après l'immense développement d'affaires qui a eu lieu depuis la loi de Robert Peel? On peut le contester très sérieusement. M. Marshall se contente de faire allusion à cet état de choses et de dire que toute nouvelle législation monétaire, en Angleterre, aurait pour condition une nouvelle législation fiduciaire.

L'avantage du système de M. Marshall consiste à laisser de côté la question d'un traité international et à conseiller à l'Angleterre de modifier elle-même ses lois monétaires et fiduciaires.

A cet égard, les solutions proposées par M. Marshall ont un
caractère plus réalisable que celles de M. Nicholson. M. Nicholson a eu le courage d'attribuer en partie, aux lois de l'Angleterre,
les embarras monétaires dont elle souffre et les pertes qu'elle
impose à l'Inde; il a été moins heureux dans l'indication des
remèdes. M. Marshall a su les formuler.

§ 4. Seconde catégorie. Dépositions bi-métallistes

Dans cette seconde catégorie, il y a lieu de classer les dépositions
de M. Gibbs, l'un des directeurs et ancien gouverneur de la Banque
d'Angleterre, de M. Grenfell, également directeur et ancien gouverneur de la Banque d'Angleterre, de M. Samuel Smith, membre de
la Chambre des communes, de M. Williamson, négociant à Liverpool, de M. Robertson, de M. Schmidt, broker à Londres, de
M. Fielden, de Manchester. M. le professeur E. de Laveleye, et
M. Pierson, directeur de la Monnaie d'Amsterdam, M. Dana
Horton, ont adressé dans le même sens des réponses écrites.

M. Gibbs a fait l'une des dépositions les plus étendues de l'enquête. Il a comparu cinq fois devant la commission. Sa haute compétence ne saurait être mise en question, quelque jugement que
l'on ait le droit de porter sur ses opinions. M. Gibbs appartient au
bi-métallisme; il en est l'un des chefs.

La première déposition de M. Gibbs a été employée toute entière
à établir que le changement de valeur entre l'or et de l'argent, dû à
l'*appréciation* ou hausse de l'or, avait pour conséquence d'accroître
l'incertitude qui était devenue le caractère principal des affaires,
sous l'influence nouvelle du télégraphe électrique. Cette incertitude serait le fondement des variations incessantes dans les
changes. Les fluctuations ne porteraient plus seulement sur les
prix des marchandises, mais sur l'instrument avec lequel on les
établit et au moyen duquel on conserve ou on transmet les capitaux. Plus grave en elle-même que la baisse, elle en serait en
grande partie la cause. Ce qui confirmerait l'assertion de M. Mac
Leod : *la spéculation est morte.* Reste à savoir si l'argent est le fac-
teur réel de ce fait. D'ailleurs, M. Gibbs est loin d'attribuer la baisse
des prix à des raisons exclusivement monétaires; il faut encore, selon lui, faire la part aux raisons économiques.

Dans la crise que cette baisse a provoquée, les peuples à circulation d'or souffriraient plus que les peuples à circulation d'argent, et les profits plus que les salaires. Ce dernier point peut être considéré comme acquis. M. Gibbs se trouve d'accord avec M. Marshall; mais on est loin d'être d'accord sur le premier. En tout cas, l'Angleterre exceptée, aucun peuple possédant une circulation légale ou effective d'or, ne fait entendre de plainte. Ce n'est pas à une cause monétaire qu'il faut attribuer l'état actuel de l'Italie.

Le fond des théories monétaires de M. Gibbs repose sur le fait de l'infériorité de l'or comme étalon monétaire, parce que sa valeur serait moins stable. M. Gibbs paraît avoir habité le Pérou et le Chili; en tout cas, il fait encore des affaires importantes avec le Chili. Le Chili possède une circulation fiduciaire très dépréciée, avec une monnaie d'argent. Le change y descend à 45 0/0. Malgré l'agio, le Chili prospère, et M. Gibbs y conduit d'heureuses opérations. M. Gibbs a été porté à comparer la baisse sur l'argent à l'agio sur le papier-monnaie du Chili. Il a constaté que si l'agio pouvait contrarier et parfois singulièrement préoccuper les capitaux, les salaires s'y accommodaient. Il en conclut qu'au fond l'argent est un étalon moins dangereux que l'or. Les spéculateurs de la République Argentine se trouvent également aux prises avec l'or; la redoutable rigidité de cet étalon les embarrasse fort. Il n'est donc pas possible de s'associer à la théorie monétaire de M. Gibbs, c'est celle du bi-métallisme; mais ce n'est ni celle de l'expérience, ni celle de la science. L'or n'est pas un étalon commode, parce que c'est un étalon immuable. Il paraît changer, parce que tout change autour de lui. De même le soleil paraît tourner, lorsqu'il est relativement le point immobile autour duquel ses satellites se meuvent.

Les seconde et troisième dépositions de M. Gibbs contiennent l'exposition et la démonstration des remèdes pour tempérer, sinon pour surmonter la crise résultant de la baisse des prix et du changement opéré dans la valeur relative de l'or et de l'argent. Le bi-métallisme serait ce remède; mais le bi-métallisme complet : 1° ouverture des hôtels de monnaie à la libre frappe de l'or et de l'argent; 2° rapport 15 1/2; 3° entier pouvoir libératoire d'après ce rapport. M. Gibbs admet que si ces bases monétaires étaient adoptées par les principaux peuples, non seulement, ce qui n'est pas contesté, l'argent reprendrait son ancien cours, mais que les prix se relèveraient proportionnellement, ce qui n'est pas aussi généralement reconnu, et que l'incertitude dans les changes disparaissant, les spéculations commerciales reprendraient leurs cours (n° 3739).

Les salaires participeraient à l'amélioration générale, malgré la hausse des marchandises (n° 3765). Il y aurait une plus-value universelle, une sorte de rosée d'or, ou d'argent (n° 3768).

Mais ce qui serait plus important, malgré l'adoption de cette nouvelle législation, le marché de Londres conserverait sa suprématie, et par suite c'est à Londres que l'or élirait son domicile. « Gold would naturally converge into England. England would be overwelmed with gold and prices would rise » (n° 5388). Ce qui veut dire que l'or se précipiterait sur l'Angleterre, qui en serait inondée. Les prévisions de M. Gibbs semblent fort raisonnables, car où l'or expulsé de partout d'après la loi de Gresham, démonétisé dit M. Gibs, pourrait-il trouver un asile meilleur qu'en Angleterre ? L'Angleterre n'est-elle pas le refuge de tous les grands exilés ? A raison de son immense étendue, le marché anglais ne serait-il pas celui qui offrirait à l'or le plus de garantie et les emplois les plus avantageux ? Qui le manierait mieux et paierait plus volontiers que les grands négociants anglais la prime élevée dont il jouirait ?

M. Gibbs a bien saisi l'importance de l'objection. Aussi (n°⁵ 4588 et suivants) a-t-il établi une explication nouvelle à l'endroit de la loi de Gresham. Cette loi est fort simple. Lorsque deux sortes de monnaies circulent dans un état, la moins chère tend à se substituer à la plus chère. Partout, en effet, le débiteur se libère avec les moyens qui lui coûtent le moins. C'est l'une des applications les plus universelles de la loi de la moindre action et de l'épargne de la force. Selon M. Gibbs, cette loi fonctionnerait automatiquement et sans que la volonté, c'est-à-dire la prévoyance humaine, y intervienne toujours ; elle donnerait lieu à des compensations ou à des alternatives qui en tempéreraient la rigueur (4580) ; par suite elle exercerait moins d'influence entre deux peuples qui auraient une législation bi-métalliste qu'entre un peuple mono-métalliste et un peuple bi-métalliste ; elle trouverait une limite dans le bi-métallisme universel.

Le raisonnement de M. Gibbs est contradictoire avec cette avalanche d'or dont, selon ses prévisions, l'Angleterre serait saturée au cas de bi-métallisme universel international. Cette avalanche n'aurait pas de raison d'être si le bi-métallisme exerçait, quant à la loi de Gresham, l'influence qu'entrevoit M. Gibbs, et, si elle a sa raison d'être, c'est que, même au cas du bi-métallisme universel, il pourrait se produire des courants de nature à décider l'or à abandonner les peuples qui lui offriraient moins de garantie et moins de profits, pour se réfugier chez ceux qui lui en donneraient davantage.

Il n'est pas impossible de trouver des hypothèses plausibles pour la formation de ces courants. Les traités internationaux ne sont pas éternels, une simple guerre suffit pour les rompre ; en ce cas l'équilibre monétaire, fondé sur un traité international, serait immédiatement troublé ; la loi de Gresham reprendrait toute sa force.

Enfin l'hypothèse d'un traité qui comprendrait tous les peuples est-elle discutable? Les colonies de l'Angleterre suivraient-elles la métropole? Tous les peuples détenteurs d'or accepteraient-ils ? Quelle situation serait faite à la Chine ?

La déposition de M. Grenfell, bien que moins étendue que celle de M. Gibbs, est peut-être plus catégorique encore. M. Grenfell n'hésite pas à reconnaître que l'adoption de l'étalon d'or en 1816 par l'Angleterre a été un malheur public et une cause de ruine (n° 4425), et qu'il est de l'intérêt de l'Angleterre de renoncer à cette législation. Il croit que l'Angleterre pourrait y renoncer sans entente préalable avec les autres peuples (4403), pourvu que la législation nouvelle fût applicable aux diverses parties de l'Empire anglais ; toutefois il ne donne donne pas le conseil de le tenter en dehors d'un accord préalable avec les principaux États. Selon M. Grenfell, la crise des prix est entièrement monétaire ; elle provient de la baisse de l'argent, causée elle-même par des mesures législative diverses. Par suite de cette baisse, le stock métallique, indispensable aux affaires, est devenu insuffisant, bien que l'emploi des métaux précieux dans les paiements tende à se restreindre de plus en plus. M. Grenfell pense que la baisse actuelle s'aggravera, s'il n'y est pas porté remède, et que notamment les salaires seront atteints par l'*appauvrissement du fonds des salaires*. Il n'a aucun doute sur l'efficacité d'un arrangement international qu'il envisage comme une sorte de libre échange monétaire. Les législations actuelles de l'Angleterre, de l'Allemagne, de l'Union latine lui semblent entachées de protectionnisme en faveur de l'or. Il réclame la liberté entière — mais il la limite néanmoins en ce qui concerne la valeur respective de l'or et de l'argent. Sur ce point essentiel, une discussion assez vive s'est engagée entre M. Grenfell et plusieurs membres de la commission (4261 à 4267). Il faut rétablir

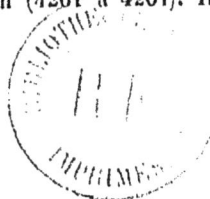

l'égalité métallique, a dit M. Grenfell, en donnant à chacun le droit de payer une livre (one pound) en or ou en argent, *mais pas le choix*. La protection, en un mot, passerait de l'or à l'argent.

M. Samuel Smith, membre de la chambre des communes, est un pessimiste. Il constate ou il croit constater une crise économique universelle, crise dans l'agriculture, crise dans l'industrie, crise dans le commerce, crise dans la richesse. Il y a moins de travail et plus de bras, moins de salaires comme moins de profits. Il évalue que le total du revenu de l'Angleterre serait tombé à 800 millions l. s. soit 20 milliards, ce qui attesterait une diminution sensible. Aussi, les revenus diminuant, signale-t-il une nouvelle distribution de la richesse qui se manifeste dans le fait de l'accroissement général des dettes. Le capital passerait des mains de ceux qui travaillent aux mains de ceux qui ne travaillent pas; ainsi chaque année il est prélevé sur les bénéfices généraux : dette publique, 26,000,000 l. s. ; dette des chemins de fer, 20,000,000; dette locale, 20 millions ; dette hypothécaire industrielle, 20 millions; loyer des maisons, usines, 42 millions ; quant à la dette hypothécaire rurale ou urbaine, il ne l'évalue pas, mais elle a envahi toute la propriété. Cette situation ne dépend pas de l'appréciation de l'or; mais elle a pour conséquence une diminution du capital circulant de la société, au moyen de prélèvements, qui privent la production, le travail, les salaires de ressources nécessaires ; cette diminution pèse d'autant plus lourdement sur la production que la législation monétaire est plus imparfaite. Or, en Angleterre comme en d'autres États, la législation monétaire a restreint à l'or seul la fonction monétaire. Par suite la circulation (*currency*) se trouve privée de l'argent, élément essentiel, puisqu'il est le seul qui se rencontre dans les États les plus peuplés du globe; l'histoire monétaire enseigne que les prix sont en rapport direct avec la quantité de métaux précieux. Si les métaux précieux, or ou argent, se trouvent en quantité restreinte, les prix faiblissent, le capital social se constitue, s'accroît et se conserve plus lentement; il peut aussi diminuer plus vite. Telle a été la condition de l'Europe pendant le moyen âge. Aussi l'importation des métaux précieux en quadruplant les prix, du XVIe au XVIIIe siècle, a-t-elle changé la condition de l'Europe. De la restriction à l'or seul de la qualité monétaire résulte un autre inconvénient; cette restriction aggrave la condition des débiteurs, modifie arbitrairement la distribution de la richesse. Sans doute les banques, les moyens du crédit ont pris un grand développement depuis vingt-cinq ans, surtout en France et en Allemagne ; mais tous les instruments de crédit sont contrôlés par le numéraire ; tous aboutissent à l'or ou à l'argent ; tous ne fonctionnent que sur la garantie d'une conversion facultative en or ou en argent. Les moyens de crédit peuvent, sans doute, économiser une certaine masse de métaux précieux, mais cette économie ne saurait elle-même être supérieure à la nécessité de l'emploi par les banques des métaux précieux ; leurs réserves doivent être proportionnelles à leurs engagements.

Par suite il faut rendre l'argent à la circulation. La masse des métaux précieux utilisables devenant plus considérable, les prix tendront à se relever et la condition générale de la société tendra à s'améliorer par l'accroissement des profits et des salaires.

L'ensemble de cette déposition a quelque chose de saisissant et d'original. M. Chamberlain en a présenté la critique en faisant remarquer que rien ne permettait d'affirmer que, quant à l'Angleterre notamment, les profits, les salaires, la richesse eussent sérieusement diminué ; il a cité à l'appui de son opinion *income tax* et le développement de certaines industries, en particulier celle du charbon.

Tel est encore le caractère de la déposition de M. Hermann Schmidt, broker à Londres. Les métaux précieux ont une action directe, immédiate sur les prix. Les prix dépendent de la quantité des métaux précieux. Cette quantité, depuis 1816 et depuis 1873, a été restreinte. L'or est devenu la seule monnaie réelle ; par suite, l'argent a éprouvé une grande dépréciation. Il est maintenant sans emploi en Europe. De là la baisse générale des prix : en Europe seulement, l'or n'est pas rare ; néanmoins il est insuffisant à l'établissement des prix, à remplir la fonction monétaire. Il faut rendre à l'argent son emploi naturel en fixant par la législation le rapport nécessaire pour que cet emploi ait lieu. Aussi le rapport ancien de 15 1/2 vaut-il mieux que tout autre, parce qu'il donne plus de valeur à l'argent et augmente la quantité métallique.

M. Fielden, manufacturier à Manchester, a repris en l'aggravant la thèse de M. Samuel Smith. Selon lui, il y a moins de travail en Angleterre, une diminution nuisible des profits à raison de prélèvements énormes sur les revenus de la nation. Or, ces prélèvements qu'il évalue à 400 millions L. ne participent pas à la baisse des prix. C'est l'observation, mais beaucoup plus grave, faite par M. Samuel Smith. Sur ces 400 m. de prélèvements, M. Fielden a

donné quelques renseignements curieux : dépenses de l'État 90 m.,
— dépenses locales 63 m., — chemins de fer voyageur 32 m., —
journaux 20 m., — sociétés diverses 15 m. La plupart de ces
prélèvements pourraient être ajoutés à ceux indiqués par
M. Smith.

Ces prélèvements rendent la crise plus intense. Elle est considérable dans l'industrie du coton, l'une des plus importantes de
l'Angleterre. Or, cette industrie est celle qui a été la plus atteinte
par les conséquences de la situation monétaire.

Les dépositions de MM. Williamson, Robertson, ont aussi apporté
des éléments nouveaux à l'enquête. M. Williamson reconnaît que
l'or est entièrement insuffisant pour parer aux besoins monétaires.
Comme M. Gibbs, il pense que l'Angleterre, menacée dans ses plus
grands intérêts, doit prendre l'initiative d'un changement de législation. Sans admettre que le bi-métallisme soit un remède complet
à une situation difficile, M. Barr Robertson lui est favorable à
cause de l'insuffisance de l'or. D'après ses calculs, le stock d'or en
1887 serait moins élevé qu'en 1876, avec des besoins plus
grands.

M. Robertson a dressé un tableau curieux des résultats monétaires d'un traité international bi-métalliste d'après le rapport de
15 1/2. Il distribue les métaux précieux actuels : 900,000,000 l. aux
États à or, — et 450 m. aux États à argent. Avec un rapport de
15 1/2, cette distribution diminuerait : États à or 987,250,000 l.,
États à argent 362,750,000. — Avec un rapport de 21, — elle donnerait : États à or 856 m. l., — États à argent 428 m. l.

Il résulterait de ces calculs que la quantité de numéraire ne
dépendrait pas du rapport, mais de la faculté libératoire. Les bi-
métallistes pourraient renoncer au rapport et à la frappe illimitée,
pour borner leur demande à la faculté libératoire, qui, en effet,
semblerait suffire à rendre à l'argent son emploi.

I. — RÉPONSE DE M. PIERSON

La réponse de M. le professeur Pierson, président de la Banque
Néerlandaise, nous semble, eu égard à la compétence de M. Pierson
et la portée de ses arguments, mériter sérieuse considération.

1° La baisse de l'argent est due à l'augmentation de production
de ce métal, à sa démonétisation en Allemagne et à la situation
économique de l'Inde.

2° La baisse d'un grand nombre de marchandises provient également de l'accroissement de production de chacune d'elles et des moyens de transport.

3° L'or n'a eu qu'une influence sans importance dans cette baisse, car sa production n'a que très légèrement diminué.

4° Si cette baisse a été un mal pour le monde des affaires, en elle-même on ne peut la considérer que comme un grand bienfait.

5° Les prix ne sont pas déterminés par la quantité de métaux précieux, mais par l'ensemble des moyens en circulation ; une augmentation d'or n'opère pas autrement sur le prix, qu'un accroissement de billets de banque convertibles sans réserves de monnaies ou de lingots, ou de crédits de banque.

Cette réponse est conforme à la déposition de M. Mac Leod.

6° Il n'y a pas de lien solidaire entre les fluctuations du crédit et les stocks d'espèces.

7° Depuis quinze ans les moyens de crédit n'ont pas augmenté ; selon nous, il y a lieu de faire toutes réserves à l'égard de cette réponse.

8° L'établissement d'un bi-métallisme international serait un grand bienfait. M. Pierson réfute une à une les diverses objections qui ont été faite contre le bi-métallisme, notamment celles de la contradiction avec la loi de Gresham, de la valeur particulière de chaque métal précieux, de la fixité du rapport et de la durée d'un arrangement international.

9° Les conséquences de l'établissement d'un bi-métallisme international seraient une hausse momentanée des prix dans les États à étalon d'or et une baisse dans les États à étalon d'argent, puisque l'étalon d'argent aurait plus de valeur.

10° Le bi-métallisme ne peut avoir lieu que sur la base du rapport de 15 1/2, parce que c'est celle qui a procédé au monnayage de l'argent ; tout autre rapport entraînerait une refonte monétaire extrêmement coûteuse.

Cet argument ne paraît pas décisif, quoiqu'une partie des embarras monétaires proviennent précisément du fait que les États reculent devant les frais d'une refonte nécessaire de l'argent. En effet, un traité international peut être appliqué sans une refonte monétaire.

II. — Réponse de M. E. de Laveleye

1° La cessation du monnayage de l'argent est la cause de la

baisse de valeur qu'il a éprouvée relativement à l'or; cette baisse continuera si le *Bland Bill* est suspendu.

2° La baisse des prix, étant générale, doit être attribuée à une cause générale. Cette cause provient de l'insuffisance de la quantité d'or, qui a produit une contraction monétaire.

3° Toutefois cette baisse générale n'a affecté les salaires qu'en partie.

4° La baisse des prix a eu pour conséquence la stagnation des affaires et des difficultés dans les rapports avec les peuples à argent.

5° Les prix sont en rapport des moyens monétaires et des moyens de crédit, mais les moyens de crédit n'ont pas augmenté.

6° Personne ne met en doute la possibilité d'un arrangement international pour la libre frappe de l'or ou de l'argent comme monnaie libératoire (legal tender) d'après un rapport fixe. Les gouvernements n'auraient pas à imposer de rapport, mais celui qu'ils adopteraient deviendrait par cela même la loi du commerce. L'argent remonterait mécaniquement à la valeur de 61. D. 1/2.

7° Cet arrangement n'aurait pas d'effet immédiat sur les prix, parce que la quantité de métaux à frapper n'est pas assez considérable; mais la baisse serait arrêtée; bientôt, la hausse reparaîtrait. Elle aurait un caractère universel et, comme s'appliquant à un très vaste territoire, elle serait lente et progressive.

M. Dana Horton, bien connu par sa belle publication de la conférence de 1878, a été l'un des représentants du gouvernement américain aux conférences de 1878 et 1881. Ses réponses accusent un autre milieu; elles sont enveloppées de longues explications qui leur enlèvent de la netteté et de la précision de celles de MM. E. de Laveleye et Pierson.

Les opinions de MM. Pierson et E. de Laveleye ont l'avantage de présenter, sous une forme concise, l'ensemble des opinions bi-métallistes discutées dans l'enquête. Les commissaires bi-métallistes tels que MM. Chaplin, Balfour, Louis Mallet, Barbour, Samuel Montagu, Houlds-Worth les partagent certainement, bien qu'elles n'aient pas été dégagées aussi nettement des dépositions contradictoires et des débats de l'enquête.

III. — Réponse de M. Dana Horton

1° La baisse de l'argent a eu pour cause les diverses législations faites contre l'argent ;

2° Ces lois sont également la cause de la baisse des prix ;

3° Ces deux baisses ont été défavorables aux intérêts commerciaux du globe ; les États à étalon d'or ont eu leur part dans les souffrances qui en sont résultées, d'autant plus, toutes choses égales d'ailleurs, que les prix sont en rapport direct avec la quantité de monnaie (money);

4° Il n'est pas possible d'indiquer actuellement de correspondance entre la quantité des métaux précieux et les fluctuations du crédit ;

5° Les moyens de crédit n'ont pas augmenté, depuis quinze ans, d'une manière assez notable pour économiser le numéraire ;

6° Il appartient aux gouvernement de s'entendre pour la frappe de l'or et de l'argent comme monnaie libératrice, d'après un rapport fixe, et il est au pouvoir des gouvernements de maintenir ce rapport dans le monde commercial ;

7° Les effets d'une entente monétaire n'auraient rien de subit ; ils consisteraient dans une amélioration du prix de l'argent et dans un nouvel élan imprimé à la production ;

8° Le fait d'une entente présente plus d'importance que les conditions de l'entente ; le rapport de 15 1/2 parait être le meilleur, mais on pourrait le modifier.

§ IV. Dépositions monométallistes

Ces dépositions n'ont eu ni moins d'importance, ni moins d'intérêt que celles des témoins bi-métallistes. M. H. Blake, l'un des directeurs de la Banque d'Angleterre, et M. William Fowler, publiciste et banquier, occupent dans l'enquête une place analogue à celle de MM. Gibbs et Grenfell. M. Fowler a été rappelé quatre fois. Néanmoins la déposition de M. Blake produit peut-être un effet considérable.

M. Blake fait remarquer :

1° Que la production de l'or a augmenté, de 1850 à 1885, de 890 m. l. s. ou 22 milliards, tandis qu'elle n'avait augmenté, de 1493 à 1850, que de 660 m. s. l. ; qu'ainsi l'accroissement a été plus grand en 35 ans qu'en 358 ans ; que si sur ces 898 millions, 258 m. l. s. ont été absorbées par les emplois industriels ; il en

reste 640 m. l. pour les besoins monétaires; qu'en conséquence les
réserves en banques qui, de 1870 à 1887 ne représentaient
que 28 0/0 de la circulation, en représentaient 41 0/0 en 1885;
que, d'après les calculs de M. Soetbeer, le stock d'or de plusieurs
États s'était élevé de 145.000.000 l. s. en 1877 à 195 en 1881,
et 252 m. l. s. en 1885; qu'ainsi il n'y a pas rareté d'or.

2° Que le rôle des métaux précieux dans les paiements n'a pas
augmenté et qu'en moyenne on ne peut pas l'estimer à plus
de 2 0/0 que ce rôle est comme infinitésimal à côté de la fonction des moyens de crédit (7428), et que par suite il n'y pas
appréciation de l'or ou hausse de la valeur de l'or, comparée à
celle de l'argent et des prix.

La partie et les dépositions de M. Blake relative aux marchandises et à leur prix est traitée de main de maître. Elle est irréfu-
table. Il suffit de la contrôler par le livre de MM. Nasmann,
Mallart et Von Scherzer.

3° Que la baisse des prix provenait du développement énorme
donné à la production et des conditions nouvelles de la production. M. Blake a cité comme exemple, avec grande variété
d'intéressants détails, le sucre, le thé, le café, le blé, le charbon,
le fer, le cuivre, les produits chimiques, le cuivre, le cuir. Par
suite de cet élan de la production, favorisé par l'amélioration des
voies de transport et les progrès des arts et des sciences, les marchandises se sont présentées de toutes parts sur les divers marchés;
le télégraphe a changé les conditions des spéculations et l'extrême
concurrence a produit la baisse; mais cette baisse ne s'est pas
étendue aux salaires; elle est presque en entier restée au compte
des profits; en tout cas, là où les salaires ont baissé, cette baisse
n'a pas été proportionnelle à celle des subsistances et du coût
de la vie.

Que l'action de l'or sur les prix seulement n'a pas l'importance
qu'on lui attribue.

4° Que la dépréciation était propre à l'argent; qu'elle n'avait
rien à faire (n° 7504) avec celle des prix; que c'étaient deux faits
simultanés mais non correspondants; que la dépréciation de l'argent avait pour cause l'accroissement de la production et la diminution des emplois.

5° Que si cette dépréciation était funeste au gouvernement de
l'Inde, elle n'avait aucune conséquence fâcheuse pour l'Inde elle-

même, dont la condition économique s'était améliorée depuis quelques années.

6° Que les banques, les moyens de crédit divers ont pris depuis 1870 une extension considérable (7422); que jamais le change n'a été plus fixe (n° 7421), et que l'action du crédit sur les prix est la même que celle des métaux précieux (7439,7556).

7° Que par suite un arrangement international bi-métalliste ne saurait rien changer à l'état actuel du commerce et de la production, dû à des causes économiques et nullement à des causes monétaires; que l'*océan du crédit domine* la production et les prix tout autrement que les métaux précieux.

8° Qu'il est chimérique d'admettre que l'or et l'argent, au milieu d'une production toujours croissante, pourront toujours conserver la même valeur respective; qu'un traité international profitera exclusivement aux possesseurs de mines d'argent (n° 7.425), mais sera impuissant à maintenir un rapport immuable entre l'or et l'argent.

9° Mais que ce traité pourrait créer de graves difficultés; que, malgré ses stipulations, la valeur respective de l'or et de l'argent changerait; qu'il y aurait un métal plus cher et un métal moins cher; que le métal plus cher serait expulsé par l'autre (7.426), et que rien ne garantirait, quant à l'Angleterre, que l'argent n'y prît la place de l'or.

10° Que dans la baisse actuelle des prix et la baisse de l'argent, seule la baisse de l'argent est fondamentale (7.451); et qu'il n'y a pas lieu d'espérer remédier à un état passager des prix au moyen d'un changement durable dans la valeur de l'argent, puisque ce changement est dans la nature des choses.

11° Qu'il faut dans les questions monétaires, qu'on ne saurait régler par des lois, laisser aller les choses à elles-mêmes, et s'accommoder à ce qu'on ne peut empêcher; que l'argent, métal inférieur, est délaissé pour l'or, métal supérieur auquel tous les peuples ont toujours donné la préférence (n° 7.471); que des traités quelconques ne changeront rien à cette préférence, et qu'un agio au profit de l'or constatera toujours la valeur des qualités intrinsèques qui lui appartiennent.

12° Que la supériorité de l'or repose non seulement sur les préférences des populations, mais sur des causes naturelles qui expliquent ces préférences (n°° 7566 à 7570), et que par suite il n'appartient pas aux gouvernements de lutter contre ces préférences (7526);

que ces préférences pourront faire que l'or devienne le seul métal monétaire et que par suite il y ait une certaine contraction monétaire, mais que les inconvénients de cette contraction seront compensés par d'autres avantages, l'or étant de beaucoup le meilleur agent de paiement (7462).

... 13° Que l'emploi de l'or n'est pas seulement monétaire; qu'il est encore industriel, et qu'on n'entrevoit pas comment le rapport de valeur fait entre l'or et l'argent, et qui résulterait de traités internationaux, pourrait s'appliquer à l'industrie; qu'il y aurait ainsi deux rapports, celui légal, celui commercial, et qu'il n'y a peu de doute à avoir sur l'influence que celui-ci exercerait sur celui-là (7558-7565).

Cette observation suscitée par Sir John Lubbock a une importance particulière. Il est clair qu'il arriverait, au cas d'un rapport factice de valeur monétaire de l'or et de l'argent, que l'or affluerait dans les emplois où il serait évalué à 21 contre 1 au lieu de 15 1/2 contre 1. Sir John Lubbock pense même que le monnayage de l'or même s'arrêterait.

14° Par suite l'or tendrait à déserter ses emplois monétaires pour en rechercher d'autres, et certainement les thésauriseurs se développeraient partout; de même que la thésaurisation de l'or est générale dans l'Inde, l'argent, métal inférieur, deviendrait le seul ou le principal agent monétaire (n° 7487 et 7490); en ce cas l'Angleterre et la France perdraient leur circulation d'or pour devenir des pays à argent comme l'Inde et la Chine, et cette influence inévitable de la loi de Gresham serait d'autant plus grande qu'il est peu probable que tous les États du globe interviendraient au traité international.

Sir John Lubbock est intervenu dans cette partie de la déposition de M. Blake et l'a conduite avec une rare habileté.

15° Devant de pareilles éventualités, il n'est pas à présumer que l'on obtienne de l'Angleterre et de le France, de modifier leurs législations monétaires.

Cette remarquable déposition a provoqué avec les divers commissaires, de nombreuses discussions, en particulier de la part de MM. Barbour et Chaplin.

M. Fowler, qui a été interrogé quatre fois, a surtout insisté sur quelques point particulièrement importants de l'enquête. Ses réponses ont suscité de très vives discussions entre et avec les commissaires, notamment de la part de MM. Chaplin et Montagu.

1° La rareté de l'or est une fiction ; si cette rareté était réelle, les réserves des banques seraient moins fortes et le taux de l'escompte plus élevé.

2° Non seulement il n'y a pas rareté d'or, mais il y a abondance de crédit. Sur ce point, M. Fowler est entré dans de nombreux détails sur les banques, les moyens de crédit, les dépôts et les relevés de banques. Il résulte des statistiques qu'il a produites, que du 1er janvier 1881 au 1er mars 1887, les réserves or du Trésor de Washington ont augmenté de 23,727,000 l. s., Banque de France, 25,082,470 l. s., Banque de l'Empire allemand, 15,394,810 l. s. La Banque d'Angleterre seule, a perdu 346,315 l. s.

Ces réserves ne donnent aucune idée de l'immense circulation de l'or. En effet, une partie des réserves en or doit être immobilisée dans les banques pour faire face à la circulation, mais tout le reste de l'or, soit dans les banques, soit chez les particuliers, circule. Aussi n'y a-t-il absorption de l'or que pour la partie immobile des réserves des banques. Il n'est pas vrai de dire que l'Italie et l'Allemagne ont absorbé de l'or ; cet or circule (7916).

3° Les moyens de crédit interviennent, comme la monnaie métallique ou les lingots, dans le mouvement des affaires et dans la fixation des prix ; les bank-notes font fonction de monnaie ; à cet égard l'Angleterre pourrait réaliser des progrès (7737 et 7738, car de 1845 à 1885, malgré un développement énorme des affaires, la circulation fiduciaire (banknotes) ne s'est élevée que de 39 à 41 millions l. s.

M. Fowler n'a pas examiné la législation de 1844.

4° Les prix dépendent moins des métaux précieux et des moyens de crédit que des conditions de la production, de l'offre et de la demande ; il faut faire une part à chaque influence. Un apport subit de métaux précieux, comme 20 millions l. s., pourrait n'avoir aucune action sur les prix. M. Fowler s'est appuyé de la haute autorité de Tooke.

M. Fowler a été amené à propos des prix à examiner les diverses tables des prix et des *index numbers* ; il en a présenté la critique et montré l'insuffisance.

5° Les résultats d'un traité monétaire international en vue de rehausser les prix en augmentant par des actes diplomatiques ou legislatifs la valeur de l'argent, seraient au plus haut degré pro-

blématiques ; ils seraient incertains à deux autres points de vue.
D'un côté, la valeur comparative des objets, même des métaux précieux, ne rentre pas dans le domaine de la législation (9276-8436.; d'un
autre côté, le rapport ne peut être fixe : il varierait selon les cir-
constances. Aussi M. Cernuschi attache-t-il moins d'importance au
rapport qu'au pouvoir libératoire et à la frappe (n° 8363).

Ces opinions nettement formulées ont amené une vive discussion
avec MM. Montagu et Chaplin ; au contraire M. Farrer est intervenu
pour serrer les derniers arguments de M. Fowler et résumer les
débats.

En tout cas, M. Fowler repousse l'immixtion de l'Angleterre dans
tout traité monétaire international. Ce traité sera l'affaire des autres
grands pouvoirs. Il n'y voit que l'intérêt des propriétaires de mines d'argent (8433). Quant à l'Inde, les avantages de la baisse de
la roupie ont plus que compensé les embarras du gouvernement (8445).

Ces deux dépositions ont été si complètes qu'elles ont donné
une idée assez générale des théories monométallistes et des objections faites à un arrangement monétaire international.

M. Currie, au nom des intérêts permanents de l'Angleterre, repousse tout traité. Il dénie à l'État, au Parlement, le droit d'en si-
gner un (6811,6840). Selon lui, le peuple ne le ratifierait pas (6748).
L'argent est un vieil instrument (obsolete) ; on n'en veut plus, on
ne le recevrait pas en payement (6749); que faire d'un étalon monétaire qu'on peut produire à 5 deniers l'once ? *L'argent a perdu
sa qualité monétaire.* La supériorité de l'or ne se discute pas. Il est
devenu abondant, il prend la place de l'argent. Cette substitution
résume l'histoire monétaire du siècle (6718). La baisse des prix
profite à tout le monde. L'or et le crédit suffisent. L'Angleterre est
prospère. M. Currie a complété sa discussion par le tableau du
progrès des banques en Angleterre.

M. Gomber, de Manchester, reconnaît qu'une convention monétaire internationale pourrait exercer une certaine action sur les
prix. Au surplus les effets monétaires de cette convention ne pourraient être que temporaires et la baisse succéderait à la hausse
(8274). En réalité, l'or est un étalon plus stable que l'argent ; et tôt
ou tard sa supériorité s'imposerait ; on ne peut avoir la pensée d'éli-
miner l'or (8298).

Les deux métaux doivent conserver leur emploi, à la condition
que le rapport de valeur entre eux reste libre, c'est-à-dire variable.

La double circulation fiduciaire à laquelle les Américains ont recours répond à la variabilité du rapport. M. Comber ne croit pas que l'Inde ait perdu avec l'étalon d'argent, pas plus que l'Angleterre avec l'étalon d'or. Au contraire, si sous l'influence d'un bi-métallisme universel, l'argent devenait seul étalon monétaire, il se produirait une contraction monétaire, à raison de la hausse de l'argent qui placerait l'Inde dans des conditions moins favorables que les conditions actuelles. C'est une application de la loi de Gresham (8260).

M. Comber a particulièrement insisté sur l'inefficacité d'une législation bi-métalliste, même internationale pour maintenir un rapport fixe de valeur entre l'or et l'argent (8,309, 8,274), et sur les conséquences de toutes sortes que produirait l'incertitude du rapport.

A ce sujet, M. John Lubbock a fait observer que cette variabilité du rapport serait singulièrement augmentée par les résultats d'un arrangement international qui comprendrait l'Inde et la Chine. En effet, les populations à or s'élèvent actuellement à 140 millions et celles à argent à 800 millions. Le mouvement qui entraînerait l'or vers celles-ci serait autrement redoutable que celui qui entraîne l'argent vers celles-là.

Selon M. Raphaël, banquier à Londres, le mouvement bi-métalliste serait affaire de pure spéculation, montée par les riches spéculateurs des chambres de commerce d'Angleterre (6,916), auxquels une hausse énorme et subite sur les marchandises assurerait des bénéfices comparables à ceux des actionnaires des mines d'argent, dont les produits passeraient de 42 D. à 60. Comme M. Comber, M. Raphaël soutient que l'Angleterre a profité de la baisse des prix. Créancière de la plupart des peuples qui la paient en marchandises, elle a reçu davantage (6,989). Aussi il repousse tout arrangement monétaire contraire aux intérêts anglais (7,028). L'Angleterre n'a pas d'argent à vendre comme les États-Unis, ou comme la France et l'Allemagne.

Lord Bramwell, M. Daniel Watney, lord Addington (M. Hubbard), se sont prononcés dans le même sens : lord Bramwell insistant sur le fait que tout bi-métallisme présenterait plus d'avantages que d'inconvénients, à moins que l'on n'adopte le rapport actuel de 20 contre (863); M. Daniel Watney proposant de remédier à la baisse des prix au moyen d'une augmentation de la circulation fiduciaire, tout traité international leur paraissant chimérique, comme contraire aux intérêts contradictoires des divers états; lord Addington a remis une note dans laquelle il montre quels ont été les mouvements des métaux précieux depuis 1463. Il en conclut qu'il n'y a pas rareté d'or, que la baisse des prix ne peut lui être attribuée et que par suite l'établissement du bi-métallisme, quoique construit dans ses éléments et ses vues, sur des bases logiques, ne saurait être un remède à une situation où il n'a rien à voir.

Les documents écrits dans le sens des mono-métallistes sont au nombre de cinq :

I. — LETTRE DE M. ALFRED DE ROTSCHILD

Une lettre de M. Alfred de Rotschild, dans laquelle il se déclare énergiquement opposé à tout changement dans la législation monétaire de l'Angleterre.

II. — RÉPONSE DE M. PROFESSEUR NASSE DE BONN

1° La baisse de l'argent est due aux changements intervenus dans les législations monétaires de la France, de l'Allemagne et des États Scandinaves, et à l'accroissement de la production de l'argent qui a pris un caractère permanent.

2° La baisse des prix doit provenir de l'excès d'une hausse antérieure et surtout de l'augmentation des moyens de productions;

3° Si cette baisse avait une cause monétaire, elle serait contradictoire avec le maintien du taux des salaires; elle aurait dû correspondre à un taux élevé de l'escompte;

4° En examinant le mouvement des encaisses des banques, on ne constate aucun fait favorable à la rareté de l'or;

5° Il serait facile au surplus d'y remédier, avec une meilleure organisation des banques de crédit;

6° La baisse du prix, dans ses causes comme dans ses effets, est un fait favorable; une convention monétaire internationale pour la libre frappe et l'entière franchise libératoire de l'or et de l'argent d'après un rapport fixé, serait un heureux événement si elle pouvait être permanente et sévèrement respectée; mais cette double condition étant irréalisable, M. Nasse ne saurait s'en faire l'avocat;

7° On ne peut lutter contre les préférences des populations en faveur de l'or. Aussi faut-il prévoir que la convention pourrait ne pas être loyalement exécutée; que certains peuples ne voudraient à aucun prix s'encombrer d'argent et se séparer de l'or ; les différends politiques, les haines nationales, les compétitions des gouvernements rendraient bientôt la situation insupportable, la convention serait dénoncée ; mais quelle serait alors la distribution de métaux précieux ?

8° La convention internationale n'aurait pas assez d'influence pour modifier les éventualités de production respective de l'or et de l'argent, ni les usages et besoins de l'industrie, ni les demandes des peuples qui n'ont pas d'or ou qui n'en ont que très peu. L'or continuerait à être recherché, à cause de ses qualités utilisables et des préférences qui en résultent, et comme le rapport de 15 1/2 exciterait énormément la production de l'argent, une prime agio s'établirait au profit de l'or et rendrait, en fin de compte, la convention inefficace ;

9° La convention aurait, il est vrai, pour effet de relever le prix, mais seulement à titre transitoire ;

10° Le rapport de 20 à 1 serait préférable au rapport de 15 1/2 : il n'en aurait pas les avantages, il est vrai, mais il n'en aurait pas les inconvénients ; il produirait un trouble monétaire moins grand et moins dangereux ;

11° En dehors d'un traité international, certaines mesures pourraient être faites pour améliorer la situation monétaire, notamment en modifiant la législation fiduciaire en Angleterre et aux États-Unis, de manière à économiser l'or davantage ou à remettre l'argent en circulation ;

12° Si une circulation d'or peut aggraver, en cas de crise, la situation des peuples à or, en en restreignant les effets sur une zone plus limitée, on doit cependant la considérer comme une sauvegarde contre les spéculations exagérées, de même nature que la loi Robert Peel en Angleterre.

III. — RÉPONSE DE M. LE PROFESSEUR LEXIS
DE GŒTTINGUE

1° La production universelle de l'argent est la cause permanente de sa baisse ; les autres faits, tels que les ventes allemandes ou la suspension de frappe de l'union latine n'ont eu qu'une influence secondaire. Si l'union latine avait continué à monnayer de l'argent, *nul doute que son stock entier d'or ne lui eût été soutiré* au profit des États producteurs d'argent ; le métal le moins cher se serait substitué au plus cher.

2° Il n'est pas possible de prévoir l'avenir du prix de l'argent, ce prix dépend de la production.

3° Les causes principales de la baisse des prix sont l'accroissement général de la production dans l'industrie, le développement de l'agriculture chez tous les peuples, et le stimulant que la baisse de l'argent a donné à la production agricole des peuples de l'Orient.

La première de ces causes explique complètement la baisse éprouvée par les blés aux États-Unis, baisse qui a son correspondant dans celle des cuivres, occasionnée également par l'accroissement de la production qui, aux États-Unis seulement, est passée, de 1882 à 1885, de 40,000 à 74,000 francs. Ce développement exerce sur les prix une tout autre action que les faits monétaires. Il en a été pour l'industrie comme pour l'agriculture; quant à l'influence que la dépréciation de l'argent a pu avoir sur les importations et les exportations dans les États à circulation d'argent, elle a été de même que celle du papier-monnaie dans les États à papier-monnaie. Ceux qui habitent les États à papier-monnaie savent, par une expérience quotidienne, que des mouvements, même considérables, dans l'agio de la monnaie métallique n'ont aucune action notable sur la vente au détail des produits inférieurs : les salaires, les gages. Tel est le cas en ce qui concerne le mouvement de valeur de la roupie comparée à l'or, quoique les causes de la baisse de la roupie ne soient pas les mêmes que celles de la baisse du rouble-papier; aussi, si le change de la roupie éprouvait une nouvelle baisse dans l'Inde, en ce qui regarde le travail et le prix des produits du sol, elle conserverait pendant quelque temps le même pouvoir d'achat. Et cependant ces produits, évalués en or, seraient obtenus à un prix de revient moindre et par suite pourraient être vendus aux peuples à circulation d'or, soit avec un profit plus grand, soit à des prix moindres, avec un profit normal. Mais les effets des profits directs et indirects du change ne peuvent être que d'une durée temporaire; aussi la différence du prix du blé entre Londres et Bombay finira par n'être pas plus grande qu'elle avait été alors que l'argent conservait son ancienne valeur, représentant seulement les frais de transport et de production.

L'accroissement de production suffit à expliquer la baisse des prix. L'abondance des moyens de circulation monétaire en France, en Allemagne, aux États-Unis, ne permet pas de penser que cette baisse provienne en quoi que ce soit d'une contraction monétaire.

Tout au plus pourrait-on en reconnaître les indices en Angleterre à raison de la législation fiduciaire de 1844, cause de la sensibilité extrême du marché anglais (remarque pleine de sagacité). Les Anglais ont poussé à l'excès l'économie des moyens divers de circulation. Ils ressentent peut-être les inconvénients de cet excès.

Enfin s'il y avait rareté d'or, il se manifesterait sur l'or une prime qui tendrait à s'élever d'autant plus que cette rareté serait plus réelle. Il en serait de même pour le taux de l'escompte.

4° La baisse des prix a été un bienfait d'autant plus général que les salaires sont encore plus élevés qu'en 1870, bien que cette baisse ait pu préjudicier davantage à certains États, notamment à l'Angleterre.

5° Il n'y a pas correspondance absolue entre les prix et les stocks métalliques. Jamais les réserves d'or et d'argent n'ont autant augmenté aux États-Unis que de 1878 à 1887, et cependant les prix ont baissé aux États-Unis et en Europe. Sans doute les prix montèrent en Allemagne et en Angleterre, de 1871 à 1873, par l'effet du paiement de l'indemnité de guerre de la France, mais ils montèrent aussi en France. Il n'y a pas non plus de correspondance absolue entre les stocks métalliques et le crédit. Le crédit ne paraît pas avoir pris une nouvelle extension.

6° Avec le concours complet de l'Angleterre, un traité international serait possible pour la libre frappe de l'or et de l'argent d'après un rapport fixé. Si ce traité devenait commun à tous les grands États, nul doute que le rapport ne fût plus facilement maintenu que par l'ancien système du quinze et demi de la France. L'argent remonterait rapidement au cours de 60 pence 7/8 l'once standard ; mais, quelle serait la durée de ce mouvement? cela dépendrait de la production des deux métaux. Si la disproportion augmentait entre les deux métaux, à raison d'une plus grande production d'argent et d'une moindre production d'or, *même une union bi-métalliste universelle ne pourrait pas longtemps maintenir sur le marché libre le rapport convenu entre l'or et l'argent.* Le montant de la monnaie d'argent en circulation atteindrait bientôt le double, le triple et plus, de la quantité de l'or; la monnaie d'argent deviendrait le seul étalon général des valeurs, et l'or, comparé avec lui, jouirait d'une prime qui ne pourrait jamais être comprimée par une organisation quelconque du bi-métallisme, car s'il lui est possible de prévenir la baisse d'un métal abondant, elle ne saurait empêcher la *hausse d'un métal cher. La production de l'argent, qui représente actuellement 550 m. de m. par an, deviendrait beaucoup plus grande. La tendance de l'or, au contraire, serait vers la diminution. La production moyenne actuelle de 350 m. de m. paraît appelée à s'amoindrir dans peu de temps ; sur cette masse 70 millions de m. sont absorbés par l'Inde, et 250 millions par la consommation industrielle, d'après le docteur Soetbeer ; de sorte que l'emploi monétaire de l'or est loin de correspondre à la quantité produite. Cet emploi pourrait même avoir lieu, en outre, en dehors de la forme monétaire. L'emploi industriel suffirait à la totalité de la production. Par suite, en dehors de tout rapport de valeur légale, l'or serait appelé à une prime dont profiterait toute monnaie d'or, proportionnelle à l'augmentation de l'argent.

On peut supposer que dans un laps de vingt ans le stock monétaire d'argent s'accroîtrait de 6 milliards de marcs, tandis que les stocks monétaires de l'or ne s'élèveraient que de 200 m. de marcs ; on peut considérer qu'un tel changement ne serait ni excessif ni funeste à l'humanité, pour permettre aux peuples qui n'ont qu'une circulation de papier, de reprendre le remboursement en espèces ; mais le rapport officiel de valeur des deux métaux serait rendu entièrement illusoire par une hausse sur l'or qui n'aurait pas de limite.

7° Si l'ancien rapport de valeur était rétabli entre les deux métaux par une union bi-métalliste, ce qui ne pourrait durer longtemps, il se produirait une lente dépréciation de la monnaie relativement aux marchandises ; toutefois l'influence de ce fait sur le prix serait moins grande qu'elle ne l'a été de 1850 à 1869, et même si la Russie et l'Autriche, ce qui est inévitable, profitaient de l'occasion, pour remplacer le papier monnaie par l'argent, cette influence l'affaiblirait encore.

8° L'adoption par une union bi-métalliste du rapport de 20 à 1 ou 21 à 1 est bien plus à recommander que le retour à l'ancien rapport. La production de l'argent ne recevrait pas un stimulant exceptionnel et l'on conserverait les avantages de valeur dus à sa rareté, car le nouveau rapport correspondrait mieux aux besoins de l'avenir que l'ancien. L'Angleterre et l'Allemagne y auraient plus d'intérêt que la France et les Etats-Unis, exposés à une lourde perte si un nouveau rapport était adopté.

9° Peut-être serait-il possible de maintenir le prix actuel de l'argent par des achats collectifs d'argent qui ne dépasseraient pas

3,000,000 l. s. par an. On pourrait y faire face par un papier-monnaie basé sur une circulation d'or et garanti par de l'argent.

Ces accumulations d'argent ne pourraient jamais s'élever à un total inquiétant, parce que le prix d'achat serait fixé au-dessous des cours moyens des dernières années, et que l'argent serait revendu dès que les demandes le permettraient. Ce serait un office international d'argent. Les chances de pertes de cet office ne seraient pas considérables. Avec une diminution croissante de l'or, le papier-monnaie garanti par de l'argent, tout en respectant le principe de la circulation de l'or, deviendrait un utile auxiliaire de l'or et pourrait être émis dans une proportion considérable sans inconvénient.

Ainsi, dans sa remarquable réponse, M. Lexis prend une sorte de position intermédiaire. Il est assez favorable à une entente bimétalliste, mais il n'admet pas une fixité du rapport. Il se prononce en faveur du rapport de 20 à 1, comme correspondant mieux aux faits actuels. En outre il propose un arrangement nouveau, reposant sur une circulation fiduciaire d'argent.

III. — *Réponse de MM. David et Wells*

1° L'augmentation de l'argent et la reconnaissance par les peuples civilisés que l'or est le meilleur instrument des échanges et le meilleur étalon des valeurs, expliquent la baisse de l'argent. La recherche de l'or et l'abandon de l'argent sont le même fait que le remplacement d'une vieille machine par une nouvelle.

2° Une nouvelle baisse de l'argent est peu probable; au contraire tout indique qu'il recouvrera la valeur qu'il a perdue, relativement à l'or. En effet, l'argent est l'instrument monétaire des peuples à prix et salaires bas, représentant la moitié de l'humanité. La demande d'argent de ces peuples ne peut que l'élever.

3° La baisse des marchandises est due à l'offre et à la demande ; à peine pourrait-on citer une seule marchandise dont la baisse puisse être attribué à l'appréciation de l'or.

4° Si l'on a cru pouvoir qualifier cette baisse, de *depression of trade*, il n'en est pas moins vrai que le commerce en général est plus considérable qu'en 1873, et que la baisse des prix a profité aux populations.

5° Il n'y a aucune preuve que les peuples à circulation d'or aient souffert d'une contraction monétaire.

6° L'on n'admet aucun rapport entre les fluctuations des prix et les stocks métalliques.

7° Depuis quinze ans, il y a eu aux États-Unis un grand développement du crédit.

8° Un arrangement international monétaire est dans les choses possibles plutôt que dans les choses probables ; mais s'il intervenait, je pense qu'il ne pourrait être maintenu, parce que les conditions d'un rapport stable entre les métaux précieux échappent au contrôle des gouvernements. Autoriser l'adoption de rapport de 15 1/2 ou tout autre rapport, me semble une extravagance (a folly).

8° En dehors d'une union internationale, je ne vois aucune mesure pour maintenir un rapport fixe entre l'or et l'argent qui ne puisse faire plus de mal que de bien.

9° Les troubles (Disturbance) qui ont accompagné le changement de valeur entre l'or et l'argent, ne revêtent pas d'autres caractères que ceux provenant de l'emploi d'une circulation dépréciée. Seulement ces troubles étaient particuliers, locaux ; ils sont aujourd'hui plus étendus ; mais des crises analogues se sont déjà produites sans avoir été un obstacle aux affaires qui ont dû s'y accommoder.

§ VI. *Quatrième catégorie.* — *Dépositions relatives à l'Inde*

Les dépositions relatives principalement à l'Inde sont celles de M. Waterfield, secrétaire de l'India office, de M. Barbour, membre de l'enquête, de M. Kenworthy Bythell, négociant à Manchester, de M. Wheeler de l'Indian service, de M. Barclay, négociant à Manchester, de M. Tidman, négociant à Manchester, de M. Provand, de M. David Mac Lean, de la Hong-Kong and Shanghaï bank, de M. Baring, ancien ministre des finances de l'Inde, de M. Niseth de Liverpool, de M. Chapman, ancien secrétaire des finances de l'Inde, de M. Edouard Sassoon, négociant dans l'Inde, de M. Dadabhaï Naoroji, négociant dans l'Inde.

Il faut joindre à ces dépositions diverses lettres, des lords hauts commissaires des finances de l'Inde, un memorandum de M. Clarmont Daniel relatif à l'Inde, une lettre du président de la banque de Java, et trois documents officiels : le premier, relatif aux mouvements des marchandises, de l'or et de l'argent dans l'Inde, à la valeur du monnayage de l'argent, au montant des *Council Bills* et des *notes* du gouvernement ; le second concernant la statistique des

prix et des salaires, et le troisième composant une table des importations de cotons manufacturés dans l'Inde, et des exportations
d'argent de l'Inde.

, L'ensemble de ces dépositions et de ces documents présente pour
l'Angleterre et pour l'Inde un intérêt beaucoup plus considérable
que pour les autres peuples; nous les résumerons plus succincte-
ment et seulement sur les points qui se rattachent directement aux
questions monétaires, et principalement à l'influence de la baisse de
l'argent sur :

1° La condition économique de l'Inde; 2° son état financier;
3° les exportations de l'Inde, notamment de blé ; 3° les importations des marchandises dans l'Inde.

Toutes les dépositions attestent le fait acquis aux débats que,
malgré la baisse de l'argent, la roupie ayant conservé toute sa valeur dans l'Inde, la condition économique de l'Inde s'est lentement
améliorée; que le commerce d'importations de l'Angleterre a conti-
nuée de se développer; que les avantages du change au profit
des exportateurs, tout en constituant un stimulant à la culture du
blé, n'ont pas provoqué une extension de culture aussi extraordinaire qu'on le supposait; et que le déficit budgétaire de l'Inde,
dû aux pertes du change, demeurait le principal résultat, quant
à l'Inde, de la baisse de l'argent. Quant à l'importance de ce déficit
et aux moyens d'y rémédier, les avis ont différé.

1° M. Waterfield a fait deux dépositions. En dix ans les revenus
du gouvernement de l'Inde ont passé de 382,215,000 l. s. à
44,250,000 l. s. La baisse de la roupie remonte à trente ans. La
solde du soldat anglais, exigible en or mais payée en argent, a dû
être augmentée à quatre reprises; par suite sa solde lui rapporte
davantage, parce qu'il a indirectement profité de la baisse de la
roupie; quant à la solde du soldat indigène, fixée en argent, elle est
restée la même.

La baisse de l'argent a augmenté les charges du gouvernement,
directement par la perte sur le change des remises ou des tirages
qu'il fait directement et indirectement, tous les corps locaux étant
obligés de recourir à lui pour se procurer les ressources dont les
prive l'état général de crédit; les capitalistes ne consentent qu'à lui
des prêts remboursables en or. Les pertes du gouvernement l'obli-
gent à augmenter les impôts ou à diminuer les dépenses. La baisse
du prix en or des marchandises a été plus forte que la baisse du prix
de l'argent en or. Les marchandises ont baissé plus que l'argent

(1675); par suite la valeur de la roupie dans l'Inde tend à se relever (1674). — la baisse du change n'a pas été un stimulant Pour les exportations (1781), — si la baisse du change permet de convertir le prix en or du blé en un plus grand nombre de roupies, le paiement du prix en or des marchandises importées exige un plus grand nombre de roupies, il y a compensation (1785). — L'Inde acquiert dans les échanges l'or plus cher et l'argent moins cher; par suite l'Inde livre moins de produits contre l'argent et plus contre l'or (1786 et 1787). — Depuis 1873, l'étalon d'argent a été plus stable que l'étalon d'or; cette stabilité a favorisé les producteurs, les débiteurs de l'Inde plus que ceux de l'Angleterre et des autres peuples à étalon d'or (1811). — Le commerce de l'Angleterre avec l'Inde était représenté en 1874 par 100 et par 122 en 1885 (2520). — En 1870 l'exportation des fils de coton anglais représentait 34,000,000 L. !., et 49,000,000 L. l. en 1884 (2535). — L'Inde n'a pas trouvé d'avantages dans la baisse du prix du blé en Europe (2551); le prix du blé dans l'Inde n'est pas le prix régulateur des divers marchés (2513). Le prix du blé dans l'Inde a baissé de 26 0/0 indépendamment de la baisse du change (2561) sous l'influence de causes directes, telles que la baisse des frets (2562).

2° M. Barbour a donné de nombreux renseignements sur les stocks métalliques et les ressources monétaires de l'Inde. Il estime que de 1835 à 1836 il a été importé 130,000,000 liv. d'or dans l'Inde et 170,000,000 liv. d'argent, et qu'on peut évaluer à cette somme le stock métallique de l'Inde, à raison de la pratique de la thésaurisation, notamment dans les temples. Cette thésaurisation provient de l'insécurité et des chances de famine. Elle ne diminuera qu'avec l'amélioration de la condition économique et politique de l'Inde. Dans cette pratique séculaire on donne la préférence à l'or (1197). Plus les familles sont riches, plus elles le recherchent.

2° Les dépositions de MM. Ken-Worthy Byttell, Robert Barclay Tidman et Wheeler ont principalement porté sur les relations commerciales de l'Angleterre avec l'Inde et de l'Inde avec l'Angleterre. La baisse de la roupie de 2 sch. ou de 1 sch. 10 à 1 sch. 6 a profité aux producteurs dans l'Inde; elle a été un stimulant pour les exportations (1932 et 1937). La valeur en or des produits de l'Inde est tombée de 30 0/0, pendant que la valeur en argent ne baissait que de 10 0/0, il y a donc eu une différence pour le ryot de 20 0/0, il a vendu 10 0/0 de moins et achète 30 0/0 de moins (1939). La cause de la baisse ne provient pas de l'appréciation de l'or, mais de l'accroissement de la production et des changements de diverses conditions (1939). Les importations anglaises dans l'Inde sont actuellement stationnaires, tandis que les exportations de l'Inde augmentent (1927).

La baisse du change permet au ryot de vendre son blé à un prix plus élevé qu'avant la baisse (2,144) ; aussi une baisse du blé aurai le même effet qu'une hausse du change (2176). Le change a également favorisé les progrès de l'industrie du coton dans l'Inde : au lieu de 1,700,000 broches en 1887, on en comptait 2,100,000 en 1886 (2332).

M. Provand, qui fait le commerce avec les Chinois, insiste sur les inconvénients pour ce commerce et celui de la Chine des fluctuations dangereuses du change.

M. Baring expose les nombreuses difficultés du gouvernement de l'Inde, la pauvreté de l'Inde et les dures conséquences des liens qui rivent l'Inde à l'Angleterre. Il rappelle à cet égard, avec raison, les épreuves auxquelles l'Égypte a été soumise par l'empire romain (7096) ; aussi accepte-t-il sans enthousiasme le bi-métallisme comme un remède temporaire à un état de choses funeste (7137). Il émet des doutes relativement aux avantages que l'Inde retire de la vente de ses blés (7001).

M. Nisbet fournit de nombreux détails sur la culture et le commerce du blé dans l'Inde. Il reconnaît que la baisse de l'argent les a favorisés dans une certaine mesure.

M. Chapman appelle l'attention de la commission sur les fonctions du capital dans la question monétaire et sur la nécessité d'en tenir compte. Les métaux précieux ne sont que des intermédiaires et des intermédiaires très différents. Il considère que, dans l'Inde l'opinion est devenue défavorable à l'argent, et que l'on craint qu'il ne tombe à la condition du cuivre (10299). Favorable au bi-métallisme, il emploierait au besoin un autre rapport que 15 1/2.

M. Dadabhaï Naorofi a fait remarquer que les souffrances actuelles de l'Inde provenaient de sa dépendance vis-à-vis de l'Angleterre et du défaut de garantie vis-à-vis de son gouvernement.

Les lords hauts commissaires de l'Inde sont favorables à un traité international en vue d'améliorer les finances de l'Inde. Ils ne se prononcent pas sur la question du rapport légal de valeur entre l'or et l'argent.

§ VII. — *Rapport de la commission d'enquête*

La commission d'enquête a fait paraître un rapport final sur
l'enquête. Ce rapport est divisé en trois parties. La première partie
est signée des douze membres de commission ; un membre étant
décédé, un autre s'étant retiré. La seconde partie est signée de
MM. Herschell, Fremanthe, John Lubbock, W. Birch et H. Courtney.
Ces membres représentaient plus ou moins l'opinion mono-métal-
lique ; en tout cas, ils étaient défavorables à toute intervention
actuelle de l'Angleterre dans une convention monétaire internationale. La troisième partie est signée des autres membres de la
commission : ce sont les membres favorables à un arrangement
international et au système bi-métalliste. En outre, MM. Louis
Mallet, Barbour et Montagu, appartenant à cette dernière opinion,
ont joint des notes particulières à cette troisième partie.

Il en résulte que la commission ne s'est trouvée d'accord que sur
les points contenus dans la première partie du rapport, c'est-à-dire
sur certains faits, et qu'elle s'est divisée en deux groupes d'égale
force : l'un favorable, l'autre contraire à tout traité international
auquel l'Angleterre participerait.

I. — *Première partie du rapport*

1° La première partie du rapport s'ouvre par un historique des
métaux précieux aux xvi⁶, xvii⁶ et xviii⁶ siècles et le résumé de la
statistique de leur production au xiv⁶ siècle, avec indication du
rapport de valeur entre l'or et l'argent.

2° Le rapport examine ensuite les causes de la baisse du prix en
or de l'argent depuis 1873, où l'argent fut coté jusqu'à 62 3/4
l'once-standard pour tomber, le 19 mai 1888, à 41 5/8 d.

Il signale : 1° l'accroissement de la production de l'argent ; 2° les
ventes d'argent de l'Allemagne s'élevant à 28,355,986 l. s. ; 3° les
mesures relatives à la suspension du monnayage de l'argent par
l'union latine ; 4° les mouvements d'importation et d'exportation de
l'argent dans l'Inde ; 5° le montant des *Indian Council bills*.

De 1851 à 1855 la production moyenne de l'argent avait été de
8,010,350 l. s. ; elle s'est élevée de 1881 à 1885 à 21,438,000 l. s.
Sur ces quantités, les États-Unis ne représentaient que 75,000 l. s.,
de 1851 à 1855, et 8,521,450 de 1881 à 1885.

Quant à la frappe pour les États-Unis et l'Inde, elle est passée

15,283,000 L. S. de 1851 à 1855 à 129,604,000 L. S. de 1876 à 1880 et 80,854,000 L. S. de 1881 à 1885.

Les importations d'argent *nettes* dans l'Inde qui avaient monté de 1851 à 1855 en moyenne à 2,384,590 L. S. par an ont été de 1881 à 1885 de 6,080,527 L. S. par an en moyenne. En 1887 elles ont re présenté 9,218,751 L. S.

Les *Indian council bills* qui de 1851 à 1855 s'élevaient en moyenne par année à 3,370,269 L. S. ont représenté de 1880 à 1885 en moyenne 16,026,268 L. S. et 15,358, 577 L. S. en 1887.

3° L'influence de ces diverses causes a été de modifier le rapport de valeur entre l'or et l'argent, tandis que de 1801 à 1870, le rapport s'était montré stable, ne variant que de 15,83 à 16,30 pour 1, malgré l'accroissement parallèle ou successif de la production de l'or et de l'argent.

Ces causes suffisent-elles pour expliquer une baisse de 25 à 30 0/0 dans le prix en or de l'argent, d'autant plus que les importations de l'Inde ont augmenté et que la Chine importerait de l'argent au lieu d'en exporter?

Le rapport n'a pas tranché cette question.

4° Après avoir traité des causes qui ont modifié les conditions de l'argent, le rapport s'occupe de celles qui ont modifié la condition de l'or. D'une part la production a diminué, et d'autre part la demande a augmenté, soit pour les besoins des États et des banques, soit pour ceux de l'industrie. M. Soetbeer estimerait à 12,250,000 L. S. l'or annuellement consommé par l'industrie et de 1877 à 1885 les encaisses de certaines banques et de quelques Trésors seraient passées de 144,500,007 L. S. à 252 millions L. S.

A cet égard deux opinions ont été indiquées dans le rapport. D'après l'une, cette situation aurait suffi à accentuer la valeur de l'or. D'après l'autre, le taux moyen de l'escompte témoignerait du contraire.

5° Quoi qu'il en soit parallèlement à l'action de ces causes diverses sur les métaux précieux, on doit signaler une tendance assez générale des prix à la baisse. Cette tendance est indiquée dans un diagramme des cours des prix de 1851 à 1888.

6° En outre des causes qui ont agi sur l'argent et sur l'or, le rapport s'occupe encore de celles qui auraient agi sur les deux métaux. D'après les uns, ces causes ne seraient autres que la loi économique de l'offre et de la demande; et, d'après les autres, les mesures législativés de l'union latine auraient seules réduit le rapport résultant des lois antérieures; ce qui amène le rapport à étudier les effets de ces causes sur les oscillations du change, sur la baisse du prix de l'argent en or, et sur les finances de l'Inde.

7° Existe-il des moyens de remédier aux résultats de l'action de ces diverses causes ? Le remède principal serait-il l'adoption du bi-métallisme ?

Le rapport résume rapidement les divers arguments présentés en faveur et contre le bi-métallisme et les moyens de l'organiser.

8° D'autres remèdes que le bi-métallisme ont été indiqués : 1° une monnaie contenant une certaine proportion d'or et d'argent ; 2° une circulation fiduciaire basée sur des encaisses avec une proportion convenue d'or et d'argent ; 3° l'étalon boiteux de quelques États, c'est-à-dire l'alimentation de la frappe d'argent ; 4° l'adoption d'une monnaie d'or pour l'Inde ; 5° l'augmentation de la circulation fiduciaire ; 6° l'abolition en Angleterre du droit sur l'argenterie ; 7° l'invitation à la Banque d'Angleterre d'admettre l'argent dans son encaisse, dans la proportion du cinquième, conformément à la loi de 1844.

Le rapport ne se prononce sur aucun.

9° Après un résumé rapide des faits et de leur interprétation, cette partie du rapport se termine par la déclaration suivante :

« Nous sommes d'avis que la véritable explication des phéno-
« mènes que nous avons essayé d'éclaircir directement, doit être
« cherchée dans une combinaison de causes et ne peut être
« demandée exclusivement à aucune. L'union latine a rompu
« en 1873 le lien qui existait entre l'or et l'argent et qui avait main-
« tenu le prix de ce dernier d'après un rapport constant. Depuis
« cette rupture, l'argent a été laissé sur le marché libre, à
« l'influence de toutes les causes qui affectent le prix d'une mar-
« chandise.

« Nous n'avons pu nous mettre d'accord sur aucun autre
« point. »

II. — *Seconde partie du rapport*

1° Dans cette seconde partie du rapport, les membres de la commission défavorables au bi-métallisme ont d'abord recherché quels ont pu être les maux (evils) qui auraient été la conséquence des changements relatifs de valeur des métaux précieux, soit quant au changement du rapport et aux oscillations du change, soit quant à la baisse de l'argent.

Les fluctuations du change se compenseraient; elles auraient un caractère alternatif en général. Elles n'auraient d'influence permanente que pour l'Inde.

En ce qui est des effets de la baisse de l'argent, cette partie du rapport n'admet pas qu'elle provienne d'une appréciation de l'or, mais bien d'une dépréciation propre à l'argent lui-même, sous l'influence des causes ci-dessus indiquées.

Cette baisse de l'argent est parallèle, il est vrai, à une baisse des marchandises; mais cette baisse n'ayant pas un caractère général ni permanent, on ne saurait la considérer comme cause effective, d'autant plus que le dividende entre les prix et les stocks métalliques n'est pas établi.

La baisse des prix, comme les oscillations du change, a des compensations et résulte d'influences variables.

De même les oscillations du change n'ont pas sur les prix l'influence qu'on leur attribue, et la production du blé n'a pas été favorisée dans l'Inde par la baisse de l'argent et du change.

2° Le rapport reprend la discussion des remèdes dont il a été question dans la première partie. Il repousse toute intervention : soit parce qu'il ne serait pas possible d'obtenir le concours de tous les États intéressés; soit parce qu'il n'y aurait pas de moyen de maintenir un rapport fixe, soit parce qu'il serait difficile de choisir un rapport quelconque sans léser de graves intérêts, et sans donner aux taux un caractère factice; soit parce qu'un traité international n'aurait aucune garantie de durée; soit parce qu'il serait contraire aux intérêts de l'Angleterre; soit parce qu'il aurait pour conséquence une prime élevée sur l'or.

Aussi recommande-t-il : 1° l'abolition du droit sur l'argenterie; 2° des arrangements diplomatiques pour faciliter la frappe de l'argent; 3° l'émission d'une circulation de billets de banque de petite valeur garantis par de l'argent.

En tout cas, il se prononce formellement pour le maintien de la législation monétaire et fiduciaire actuelle de l'Angleterre.

III. — *Troisième partie du rapport*

Cette partie du rapport est beaucoup plus catégorique que les autres, quoique moins longue. Elle résume l'opinion des membres de la commission d'enquête favorables au bi-métallisme sur le problème monétaire; elle indique les moyens qu'ils proposent pour le résoudre.

Un premier paragraphe est consacré aux maux (evils) résultant des difficultés monétaires, et un second paragraphe aux remèdes pour parer à ces maux.

1° *Difficultés monétaires.* — Les maux auxquels ces difficultés donnent naissance, résultent :

A. — Ou du changement de rapport entre les métaux précieux et les fluctuations de leur valeur relative;

B. — Ou de la baisse du change entre les États ayant une circulation d'or ou une circulation d'argent;

C. — Ou de la baisse des prix en or ;

D. — Ou des effets de ces diverses causes sur certains intérêts.

A. — Le changement de rapport entre les métaux précieux et les fluctuations de leur valeur relative ont pour effet d'amoindrir le commerce entre les États possédant une circulation d'or et ceux possédant une circulation d'argent ; de favoriser le commerce dans les États à circulation d'argent aux dépens de ceux à circulation d'or ; de décourager l'emploi du capital dans les États à circulation d'argent, et de retarder leur développement.

Tous ces effets se remarqueraient notamment dans l'Inde ; cette partie du rapport semble contradictoire avec elle-même. Comment les mêmes causes peuvent-elles en même temps favoriser le commerce des États à circulation d'argent, amoindrir leurs ressources et retarder leur développement?

Cette contradiction est manifeste quant à l'Inde. Ou bien, comme il résulte d'un grand nombre de dépositions, la condition économique de l'Inde a plutôt gagné que perdu à la baisse de l'argent et à celle parallèle des prix, ou bien elle a plutôt perdu que gagné. Au premier cas, les changements de valeur et les fluctuations du change des métaux précieux n'ont pas refoulé le développement de l'Inde ; au second cas, l'Inde n'a pas été favorisée aux dépens des pays à circulation d'or.

B. — En même temps que se produisait la baisse de prix de l'argent en or, une baisse générale du prix en or avait lieu en Angleterre, qui possède l'étalon d'or, tandis que dans l'Inde la roupie conservait son pouvoir d'achat et que les prix en argent demeuraient fermes. Il en résulte que la valeur de l'argent n'a pas baissé en elle-même, bien qu'elle ait largement baissé dans sa valeur relative avec l'or; de là deux résultats favorables à l'Inde et contraires à l'Angleterre, du moins jusqu'à ce que les prix parviennent à l'équilibre. La production dans l'Inde est favorisée aux dépens du producteur de blé en Angleterre, de même que le manufacturier dans l'Inde est favorisé aux dépens des manufacturiers en Angleterre. Le manufacturier anglais est atteint dans ses ressources par l'échange. Quant à l'agriculteur anglais, il vend son blé proportionnellement moins cher que le ryot, parce que le prix est resté le même dans l'Inde et qu'il a baissé en Angleterre. Dans l'Inde, pays à argent, maintien des prix; en Angleterre, pays à or, baisse des prix.

C. — La baisse des prix en or (gold price) est un fait. Les causes sont plus difficiles à préciser. Sont-elles monétaires? Dépendent-elles de changements dans les conditions de la production? Cette seconde explication ne paraît pas admissible, car les prix dans les pays à argent n'ont pas baissé; aussi pensons-nous que les causes sont monétaires,

Elles se ramènent toutes à *l'appréciation* dont profite l'étalon des valeurs dans les pays à circulation d'or. Cette appréciation exerce une influence funeste sur l'augmentation de richesse de la nation. Il y a pour but de prendre des mesures pour rétablir sans retard la stabilité comparative de l'étalon des valeurs.

D. — Les effets de cette situation peuvent être étudiés d'abord dans l'Inde, puis en Angleterre.

Dans l'Inde, les finances publiques sont accablées par la perte du change, et les particuliers qui ont des remises à faire en Europe sont exposés aux mêmes pertes. Cette perte est du tiers au moins des remises.

Quant à l'Angleterre, elle trouve aujourd'hui une rude concurrence à ses exportations de fils de coton dans les exportations de fils de coton de la Chine et de l'Inde.

NOTA. — *Les chiffres produits au rapport ne paraissent pas favoriser réellement cette opinion.*

Parmi les avantages dont profite l'Inde, il y a lieu de mettre au premier rang la différence de valeur entre l'or et l'argent, non seulement aussi bien pour ces exportations chez les peuples à or que chez les autres peuples à argent.

Toutefois, les intérêts de l'Angleterre considérés en général, son commerce intérieur et extérieur sont surtout atteints par les récents changements dans la circulation, quoique d'autres y aient concouru. Le commerce du monde est maintenant dirigé par deux valeurs monétaires, au lieu d'un seul comme autrefois. Désassociés l'un de l'autre, il ont perdu toute stabilité, et l'un d'eux a pris une plus-value que l'on doit considérer comme un mal pour le commerce, notre industrie et nos classes laborieuses. Pas de distinction entre intérieur et extérieur.

Dans leur ensemble, les affaires ont diminué. En 1873 la propagation du commerce extérieur demande 2 l. s. 4 s. l. et seulement 1 l. s. 17 en 1886, on en trouve la preuve dans les relevés de l'*income tax*. De 1874 à 1886 l'accroissement dans les évaluations de l'ensemble du capital (*property*) et des profits n'a été que de 10 0/0 au lieu de 56 0/0 dans les douze ans antérieurs.

Aussi le travail a diminué, les salaires ont baissé, intérêts calculés à l'année, ne sont moins stables.

D'autre part les charges publiques, étant exigibles en or, sont plus lourdes.

Ces diverses causes ont accéléré au lieu de le contenir le mouvement protectionniste en Angleterre et pourraient l'établissement de droits de douanes dans l'Inde.

Il y a lieu par suite d'appliquer un remède monétaire à des causes en partie monétaires. Il faut maintenir l'emploi des deux métaux précédents comme étalons dans les émissions antérieures à 1877, il faut rétablir le lien qui les unissait et qui a été rompu.

NOTA. — Il y a lieu de signaler, en dehors des contestations des faits contenus dans l'enquête sur tous ces points : 1° qu'ils ont un caractère exclusivement anglais; 2° qu'il n'y a pas de proportion entre l'étendue des maux indiqués et les faits à l'appui, d'une part, et d'autre part, l'importance des remèdes proposés.

2° *Remèdes monétaires.* — Le remède principal consiste à revenir à l'état de choses antérieur à 1874. Si dans tous les États l'or et l'argent peuvent être librement monnayés et peuvent être échangés contre les marchandises d'après un rapport fixe, le marché de l'argent comparé avec l'or obéira à ce rapport. Ce système remédiera à tous les maux décrits plus haut.

Trois objections ont été faites contre ce système, et il y a lieu d'y répondre.

A. — Que le changement serait redoutable et constituerait une nouveauté dangereuse.

On répond qu'il ne ferait que rétablir un état de choses antérieur, avec cette différence que l'Angleterre devrait concourir à le maintenir.

B. — Que la condition du marché anglais et en particulier celle de Londres pourrait être compromise.

On répond que la prééminence du marché de Londres est antérieure à l'adoption par l'Angleterre de l'étalon d'or et s'est constituée sur le régime du double étalon ; que cette prééminence a pour fondement les tirages de traites étrangères sur Londres, et que le double étalon n'y apportera aucun changement ; que l'option laissée aux débiteurs de payer en or ou en argent aura rarement d'effet, car le système étant maintenu dans son intégrité, personne n'aura d'intérêt à choisir un métal plutôt que l'autre.

C. — Que si le bi-métallisme a pour résultat une diminution de la valeur de l'or, l'Angleterre, où l'or est principalement employé dans les paiements, perdra au profit des autres pays.

Renvoi au § 96 de la première partie du rapport.

D. — Que la mise en train et le maintien de ce système dépendent des conventions internationales, auxquelles les autres États pourront refuser leurs concours.

On répond que rien ne fait présumer ce refus ; que peu importe la retraite d'un ou deux États ; que ce refus préjudicierait plus à ces États qu'aux autres et que cette objection est commune à tout traité international.

E. — Que les populations pourraient refuser leur concours à ce système et que les transactions pourraient continuer à se faire plutôt qu'avec d'autres.

Repousser cette objection est plutôt une prévision qu'un argument. Mais il est difficile d'y adhérer, car il est bien certain que l'adoption du système nouveau ne pourrait aussi bien qu'avec le consentement d'une portion notable de la nation.

F. — Que si les dettes contractées en or peuvent être réglées en argent, il y aura une perte pour les créanciers d'un manque à la foi des contrats.

Cette objection paraît mériter très sérieuse considération ; toutefois, le devoir des gouvernements, en vue du bien général de l'État, est de veiller à ce que l'État possède un étalon de valeur de la plus grande stabilité possible. Si l'établissement ou le maintien d'un pareil étalon peuvent préjudicier aux créanciers, on ne voit pas pourquoi les débiteurs en seraient privés.

En Angleterre, cette objection ne porte que sur le rapport de valeurs, au cas où ce rapport différerait de celui du marché libre.

Enfin, elle ne peut être faite par ceux qui admettent que la baisse des prix est due à des causes propres à la production, car, là, la rupture du bain bi-métallique n'a pas donné lieu à l'appréciation de l'or ; pourquoi l'or serait-il affecté par le retour du bain ?

Ces objections réfutées, il y a lieu de maintenir qu'un seul métal précieux ne peut remplir la fonction monétaire, sans provoquer une révolution financière et commerciale par le changement dans les prix, et que pour prévenir cette éventualité, l'entente entre quelques États d'une certaine étendue pourra suffire.

Si cette entente ne se produit pas, l'or deviendra le seul étalon monétaire et tous les maux ci-dessus examinés l'aggraveront; sa valeur s'élevera, les prix baisseront, la situation de l'Inde deviendra plus redoutable ; une nouvelle hausse de l'or pourrait présenter quant à l'Angleterre même de sérieuses conséquences.

Tout autre remède serait inefficace. Il faut un arrangement international comprenant les principales nations du globe, telles que les États-Unis, l'Allemagne, les États de l'union latine, l'Angleterre, l'Inde et les autres colonies anglaises qui donneraient leur concours.

Cet arrangement doit avoir pour objet : 1° la libre frappe de l'or et de l'argent en monnaie légale; 2° la fixation d'un rapport auquel les pièces de chacun des deux métaux pourraient servir, *au choix du débiteur*, pour payer le créancier.

IV. — *Annexes au Rapport.*

Sont annexées au rapport :

1° Une longue lettre de M. Louis Mallet, dans laquelle les arguments en faveur d'un arrangement international sont de nouveau développés ;

2° Plusieurs notes de M. Barbour;

3° Une note de Samuel Montagu, membre de la commission, dans laquelle il se prononce en faveur du rapport de 20 contre 1. M. Montagu craint que le rapport de 15 1/2 ne puisse être monétaire sur le marché libre.

M. Montagu a rédigé un memorandum particulier en faveur de son opinion.

Cette opinion a été adoptée par plusieurs témoins et notamment par M. le professeur Lexis, de Gothingen. Elle correspond à l'état monétaire actuel et probablement à l'étape qui vient de se faire dans la valeur respective de l'or et de l'argent.

L'histoire des métaux précieux enseigne, en effet, comme l'a relevé M. Giffen, que l'argent a une lente tendance à baisser au fur et à mesure que ses emplois diminuent, soit par l'augmentation de l'or, soit par le développement des moyens de crédit.

Relever l'argent par un traité international, de la diminution de la valeur qu'il a subie sous l'influence des causes économiques, paraît contraire à l'histoire entière des métaux précieux ; constater l'état actuel de sa valeur et l'amplitude de l'oscillation accomplie de 1873 à 1887 serait se conformer, au contraire, aux enseignements de l'histoire et à l'expérience qui, en fait de métaux précieux et de monnaie, semblent devoir avoir le pas sur le raisonnement et les hypothèses.

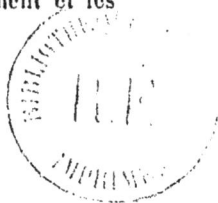

Le Mans. — Typ. Ed. Monnoyer. — 1889.